144 Zeichenpredigten
durch das Kirchenjahr

Zu diesem Buch

Gegen die Gefahr der Wortinflation in manchen Gottesdiensten hat sich neben Dias, Flanelltafel, Spiel ect. ein stilistisches Mittel bewährt, von dem in den letzten Jahren immer häufiger zu hören ist: die Zeichenpredigt. Anhand von Gegenständen aus dem Alltag wird die Verkündigung der Bibel lebendig, anschaulich und einprägsam. Wenn dann noch die übrigen Texte des Gottesdienstes den Gedanken dieses »Zeichens« weiter enthalten, entsteht gleichsam ein roter Faden, der auch Tage und Wochen nach dem Gottesdienst noch im Gedächtnis bleibt, weil das Auge mit berücksichtigt wurde; und weil nicht selten der Gegenstand noch zu Hause vor Augen steht.
Die Vorteile einer Zeichenpredigt liegen auf der Hand: meist kein großer Aufwand, Einprägsamkeit und eine aufgelockerte Atmosphäre im Gottesdienst.
Dieses »Handbuch der Zeichenpredigten« besitzt eine besondere Praxisnähe durch Schriftstellenverzeichnis, Zeichenregister, Literaturverzeichnis und Verzeichnis der Gegenstände, die *allen* Teilnehmern in die Hand gegeben werden können.

Willi Hoffsümmer, geb. 1941, Pfarrer in Bergheim-Paffendorf. Veröffentlichungen im gleichen Verlag: Anschauliche Predigten für Kinder-, Jugend- und Familiengottesdienste (^{5}1993); Bausteine für Familiengottesdienste – Lesejahr A. Die Evangelien der Sonn- und Feiertage in Symbolen, Geschichten, Spielen und Bildern (^{2}1993); Bausteine für Familiengottesdienste – Lesejahr B. Die Evangelien der Sonn- und Feiertage in Symbolen, Geschichten, Spielen und Bildern (^{2}1994); Bußgeschichten. TOPOS 99 (^{6}1993); 3 x 7 Bußfeiern mit Gegenständen aus dem Alltag (1991); 33 Gruppenstunden für Ministranten (^{4}1991); Firmgeschichten. Hinführung zur Firmung für Jugendliche und Gruppenleiter. TOPOS 126 (^{6}1991); Geschichten als Predigten (^{2}1990); Geschichten für Kranke. TOPOS 188 (^{3}1994); Geschichten wie Brücken zum Leben (^{2}1993); Geschichten wie kostbare Perlen (^{5}1993); Geschichten wie offene Türen (^{2}1993); Geschichten wie Spiegel des Herzens (^{3}1993); Geschichten wie Wegweiser (^{2}1993); Geschichten zum Sakrament der Ehe. TOPOS 166 (^{3}1991); Geschichten zur Taufe. TOPOS 210 (^{2}1993); Glaube trägt (^{7}1992); Gottes Spur in der Schöpfung. 200 Ideen für Feriengottesdienste und Freizeiten (1993); 133 Kinderpredigten. Mit Gegenständen aus dem Alltag (^{8}1992); 111 Bausteine für Gottesdienste mit 3-7jährigen und religiöse Feiern im Kindergarten (^{4}1992); 122 Symbolpredigten durch das Kirchenjahr. Für Kinder, Jugendliche und Erwachsene (^{2}1992); Kommuniongeschichten. Brot fürs Leben. TOPOS 79 (^{15}1993); Kurzgeschichten 1. 255 Kurzgeschichten für Gottesdienst, Schule und Gruppe (^{14}1993); Kurzgeschichten 2. 222 Kurzgeschichten ... (^{8}1992); Kurzgeschichten 3. 244 Kurzgeschichten ... (^{6}1993); Kurzgeschichten 4. 233 Kurzgeschichten ... (^{3}1993); 99 Kinderpredigten. Mit Gegenständen aus dem Alltag (^{3}1992); Religiöse Spiele für Gottesdienst und Gruppen 1 (^{5}1990); Religiöse Spiele für Gottesdienst und Gruppen 2 (^{4}1993); Seniorengottesdienste 1. 177 Gottesdienste für ältere Menschen und andere Altersgruppen (^{2}1991); Seniorengottesdienste 2. 166 Gottesdienste für ältere Menschen und andere Altersgruppen (1994); 77 religiöse Spielszenen für Gottesdienst, Schule und Gruppen (^{3}1994); Wir wagen den Glauben (^{3}1987); 2 x 11 Bußfeiern mit Gegenständen aus dem Alltag (^{3}1990). – Gesamtauflage 700 000.

Willi Hoffsümmer

144 Zeichenpredigten durch das Kirchenjahr

Mit Gegenständen aus dem Alltag

Zeichnungen von Andreas Wittig

Matthias-Grünewald-Verlag · Mainz

Meiner Mitarbeiterin und Haushälterin Hildegard Görke
in Dankbarkeit

6. Auflage 1994

Umschlaggestaltung: J. Wagner
(unter Verwendung der Zeichnungen von A. Witting)
Gesamtherstellung: Wagner GmbH, Nördlingen
ISBN 3-7867-0995-5

Inhalt

Vorwort

Jesus sprach in Bildern und Gleichnissen. Darum dieser Versuch, heutige Zeichen auf ihre Durchsichtigkeit für die christliche Verkündigung abzutasten.
In erster Linie sammle und schreibe ich, um abgehetzten Mitbrüdern und allen, die die gute Nachricht von Jesus weitersagen wollen, zeitsparend zu helfen: Wie oft komme ich selbst spät abends müde nach Hause und mir fällt ein, daß noch eine Schulmesse vorzubereiten ist. Und dann hilft mir kein Buch, in dem ich erst noch zehn Seiten lesen muß.
Die Deutungsversuche fallen recht kurz aus, um die Phantasie des einzelnen oder des Vorbereitungskreises nicht einzuengen: Selten kann eine Idee genauso übernommen werden.
Es fallen die wenigen Bezüge zum Alten Testament auf: In einer Zeit, in der kaum noch biblisches Wissen vorausgesetzt werden kann, halte ich die Vermittlung des Neuen Testamentes für vorrangiger.
Als ich den ersten Versuch in dieser Richtung in meinem Buch *133 Kinderpredigten* startete, dachte ich, die Möglichkeiten weitgehend ausgeschöpft zu haben. Ich habe mich geirrt; denn schon nach wenigen Jahren ist die Vielfalt der Gedanken und Entwürfe mindestens genauso reich. Daraus schließe ich: ein unbegrenzter »Markt der Möglichkeiten«. Wie viele gute Ideen mögen in Schubladen vergilben! Schicken Sie sie mir doch wenigstens!
Wer sich an so manchen Vorschlag in diesem Buch nicht herantraut: Wagen Sie es einmal! Sie werden sehen, wieviel Freude und Auflockerung diese Art der Verkündigung in der Kirche bringen kann!
Wenn dieses Buch hin und wieder einem Prediger oder Katecheten eine Stunde Zeit einspart, in der er einen Krankenbesuch macht oder sich auch einfach in die Sonne legt (um dem Streß zu entkommen), dann hat sich meine Mühe gelohnt.
Danke meinem Mitbruder Gerhard Dane, der alle Predigten noch einmal theologisch »abgehorcht« und einige hinzugefügt hat.

Willi Hoffsümmer

Einleitung

1. Bitte beachten Sie immer die Grundregel bei Zeichenpredigten: *Der Gegenstand muß die ganze Predigt durchhalten.* Er ist also kein »Aufhänger«, der irgendwann verschwinden kann. Es darf auch nicht gesagt werden: So wie mit diesem Gegenstand ist es *nicht*, z. B. Gott ist *kein* Automat; denn das Auge merkt sich den Gegenstand besser als das Ohr das gesprochene Wort, so daß irgendwie hängenbleiben kann: Gott ist ein Automat, in den ich meinen Wunsch hineinwerfe und dann das gewünschte Fach »Bundesligasieg« oder »Gesundheit« ziehe.
2. »Gebrauchsanweisung« für dieses Buch: Bitte aus den Ideen zu einzelnen Gegenständen *auswählen:* Verfangen Sie sich z. B. bei einem mitgebrachten Netz nicht im »Netz« zu vieler Ideen. Oder wenn beim Schulanfang aus der großen Tüte zu viele Gegenstände herausgeholt werden, verwirrt das die Kinder. Weniger ist meistens mehr.
3. Die Zeichenpredigt ist der Kristallisationspunkt für alle Texte des Gottesdienstes: Bußakt, Lesungen, Fürbitten, Meditationstexte sollen immer wieder die Predigt meditieren, hin- oder weiterführen. Drei Beispiele für komplette Gottesdienste finden Sie in meinem Buch *133 Kinderpredigten* auf den Seiten 14–20. Auch hier ein Modell:

Mit Jesus verbunden sein

(ein Blatt)

Evangelium: Joh 15,1–8 (Getrennt von mir könnt ihr nichts tun).

Mehrere Kinder werden 30 Minuten früher zur Kirche bestellt, die mit einem erwachsenen Begleiter im nahegelegenen Wald oder Park so viele Blätter abzupfen, wie Kirchgänger zu erwarten sind. Diese Kinder stehen auch an allen Eingängen und übergeben jedem ein möglichst schönes und unversehrtes Blatt. Am besten eignen sich Eichen-, Kastanien- oder Ahornblätter.

(Nehmt bitte euer Blatt in die Hände!) Schau genau hin, wie die Adern auf deinem Blatt bis in die Blattspitzen laufen, um auch noch die letzten Ecken mit Nahrung zu versorgen. Auch wenn du es umdrehst: überall ein dichtes, sinnvolles Netz. Dieses Blatt ist, um zu leben, auf den Zweig angewiesen, der Zweig auf den Ast, der Ast auf den Stamm. Aber es ist auch umgekehrt: Ein Baum im Sommer ohne Blätter stirbt (im Winter schläft der Baum ja nur, er ruht aus). Durch die Blätter atmet er sein Leben ein.
So brauchen beide einander: Der Stamm braucht die Blätter, um leben zu können; die Blätter brauchen den Stamm, um Nahrung zu empfangen. – So ist es in jeder Gemeinschaft: Kinder ohne Eltern sind »arm«, und Eltern ohne Kinder bleiben auch »arm«: innerlich ärmer. Oder was wären die Kinder in der Schule ohne Lehrer? Aber was wären

die Lehrer in der Schule ohne Kinder? Oder was wären wir ohne die Männer und Frauen, die ein Land regieren? Aber was wären die Politiker und die Abgeordneten ohne die einzelnen Leute im Land? Dieses Blatt in unserer Hand kann uns also sagen: Wir können nicht ohne andere leben. Wir sind aufeinander angewiesen.

Das meint Jesus auch, wenn er im Evangelium sagt: »Ich bin der Weinstock, ihr seid die Rebzweige. Wer in mir bleibt und in wem ich bleibe, der bringt reiche Frucht; denn getrennt von mir könnt ihr nichts tun« (Joh 15,5). Ich bin wie ein Blatt am Stamm, am »Jesus-Baum«. Aus der Kraft dieses Stammes kann ich leben, solange ich mit Jesus verbunden bleiben will. Umgekehrt darf ich auch sagen: Jesus braucht mich – wie der Stamm die Blätter braucht.

In einer Kirche gibt es ein Kreuz, an dem Jesus ohne Arme und Füße hängt: Bei einem Bombenangriff im Krieg sind sie abgerissen worden. Darunter hat einer den Text geschrieben:

»Ich habe keine Hände mehr: ihr seid jetzt meine Hände,
die ihr anderen Menschen reichen sollt.
Ich habe keine Füße mehr: ihr seid jetzt meine Füße.
Geht zu anderen und erzählt von mir . . .«

Wir schauen wieder auf das Blatt in unseren Händen. Durch einen geheimnisvollen Umwandlungsprozeß atmet dieses Blatt Sauerstoff aus. Diese gute Luft brauchen wir, um zu leben. So kann eine große, freistehende Buche an einem Sonnentag Sauerstoff für 65 Menschen hergeben! Jetzt wißt ihr auch, warum sich heute viele Menschen dagegen wehren, wenn Bäume grundlos abgeschlagen werden: Wir töten damit ein Stück unserer Zukunft, ein Stück von uns selbst.

So wie dieses kleine Blatt also für Sauerstoff sorgt, so sollen wir als kleine Blätter am Baum des Reiches Gottes auch für Schutz und Obdach und gute Luft sorgen, für eine gute Atmosphäre. Wie du das machen kannst?

Du weißt doch, nicht nur Essen und Trinken hält uns am Leben, es gibt noch wichtigere Dinge, die uns leben lassen: ein freundliches Lächeln, Lob, jemand hilft dir . . . Und hier kannst du wie dieses Blatt für gute Luft sorgen: sich schneller mit dem versöhnen, mit dem du Streit hast; nicht nur meckern, wenn du anpacken sollst; zeigen, wie wichtig du Gott nimmst, indem du Zeit für ihn hast; manchmal still werden, um auf ihn zu hören; wenn du krank bist, nicht so verdrießlich sein . . . (Hier kann an Heiligen oder Menschen unserer Tage gezeigt werden, wie sie auf ihre Umwelt eingewirkt haben bzw. einwirken.)

Dann wirst du zum Sauerstoff für die, die um dich herum leben. Viele werden deine Nähe suchen, weil du sie froher machst. Und noch einmal: Woher nimmst du die Kraft dazu? . . . Nimm dieses Blatt gleich mit nach Hause und hänge es irgendwo hin. Und wenn dein Blick darauf fällt, denke (und bete): »Ja, Vater im Himmel, laß mich Sauerstoff für andere sein, für eine gute Atmosphäre sorgen, da, wo ich jetzt lebe. Und die Kraft dazu schenke mir aus dem Stamm, aus Jesus, mit dem ich verbunden bin.«

□ Zuerst veröffentlicht in »Prediger und Katechet« 3/1979, S. 403–405.

Diese Gedanken sollen hin- und weiterführend in allen Texten der hl. Messe aufgegriffen werden, auch in der Eucharistiefeier, damit sie nicht wie ein fremder Block daneben steht. Also:

Tagesgebet

Vater im Himmel. Von tausenden Blättern eines Baumes habe ich ein Blatt, ein kleines Kunstwerk, in meiner Hand. Auch ich bin nicht mehr als ein Blatt unter Milliarden anderen am Stamm der Menschheit. Jeder ist anders – jeder ein Kunstwerk. Wie schön mußt du erst sein, wenn du das unzählige Male wachsen läßt! Und alle Menschen haben dich als Vater – für alle ist Jesus Christus gestorben. So laß doch bald Friede werden unter uns und allen Menschen . . .

Fürbitten

Priester: Vater, der du überall für uns da bist. Wir bitten dich:

1. Du hast uns die ganze Welt durch deinen Sohn geschenkt. Laß die Menschen auf der ganzen Erde verantwortungsvoll mit deiner Schöpfung, den Pflanzen und Tieren, der Luft und dem Wasser, umgehen . . .
2. Wir Menschen sind aufeinander angewiesen: Laß die Lenker der Staaten und die Leiter der Kirchen einander mehr anerkennen und loben, mehr teilen und helfen – und so für eine bessere Atmosphäre sorgen . . .
3. Wir brauchen deine Nähe und Hilfe wie unsere Nahrung zum Leben: Laß uns mehr auf dich als auf Menschen bauen, wenn wir es schwer haben . . .
4. Du brauchst uns heute in den Schulen und der Politik, in den Fabriken und auf den Straßen: Laß uns den Menschen so begegnen, daß sie auch an deine Güte glauben können.

Priester: Das bitten wir durch Christus, unseren Herrn.

Gabengebet

Gott, unser Vater. Durch diese Gaben von Brot und Wein werden wir ganz eng mit deinem Sohn verbunden. Wir Blätter brauchen den Stamm, um leben zu können. Getrennt von deinem Sohn können wir nichts tun. So bitten wir dich um neue Kraft, durch Christus, unseren Herrn.

Nach der Kommunion

1. Spr.: Christus hat keine Hände, nur unsere Hände,
um seine Arbeit heute zu tun.
Er hat keine Füße, nur unsere Füße,
um Menschen auf seinen Weg zu führen.

2. Spr.: Christus hat keine Lippen, nur unsere Lippen,
um Menschen von ihm zu erzählen.
Er hat keine Hilfe, nur unsere Hilfe,
um Menschen an seine Seite zu bringen.

1. Spr.: Drum seid ihr die Hände Christi heute in der Welt.
Greift fest zu und wirkt das Schöne, Gute, Nötige.
Drum seid ihr die Füße Jesu heute in der Welt.
Geht den vielen armen Menschen nach in ihrer Not.

2. Spr.: Drum seid ihr die Augen Jesu heute in der Welt.
Blickt hinter all die Mauern, wo das Unrecht schreit.

1. Spr.: Ja Herr, laß uns deine Zeugen sein heute in der Welt.
Alle sollen spüren: Du bist der Retter für alle
Menschen.

Schlußgebet

Allmächtiger Gott. Dieses Blatt, auf meinen Schreibtisch gelegt oder als Lesezeichen in meinem Buch, soll mich daran erinnern: ohne dich bin ich nichts. Und aus deiner Kraft heraus will ich für gute Atmosphäre in deiner Welt sorgen. Darum bitte ich . . .

Zeichenpredigten im Advent

1. Zeichen der Hoffnung
(»Barbarazweige«, z. B. Zweige eines Kirschbaumes)

Ihr kennt den alten Brauch: dieser Zweig, in Wasser gestellt, blüht um Weihnachten. In einer Zeit, in der es draußen kälter wird, die Natur schläft, zeigen sich im Wohnzimmer Blüten! Viele von euch wissen, woher dieser Brauch stammt: Weil das Mädchen Barbara gegen den Willen ihres Vaters durch die Taufe Christin wurde, sperrte der Vater sie in einen Turm. Auf dem Weg dorthin – so erzählt die Legende – verfing sich ein Kirschzweig in ihrem Kleid. Barbara stellte ihn in einen kleinen Becher mit Wasser. Er blühte genau an dem Tag auf, an dem sie zum Tode verurteilt wurde. (So dürfen wir als Christen bei jedem Tod denken: Jetzt beginnt neues Leben.) Mitten in der Kälte Blüten!

So erging es auch dem Volk der Israeliten: In den Zeiten der Wüstenwanderung, der Verbannung, des Glaubensabfalls, der Niederlagen fallen immer wieder durch die Propheten Worte der Verheißung Gottes in die Kälte der Verzweiflung und Gleichgültigkeit. Ich lese euch einige Worte des Propheten Jesaja vor:

Lesung: Jes 35,1 (Freuen soll sich das dürre Land . . .); Jes 35,4–6 (Gott kommt . . ., die Augen der Blinden gehen auf . . .); Jes 9,5 (Ein Kind wird uns geboren).

In Jesus haben sich diese Hoffnungen erfüllt: Wir sind in mancher Kälte der Welt nicht allein gelassen.

Nehmt die Zweige mit nach Hause. Wenn ihr sie in der Adventszeit betrachtet oder den ersten Schimmer der weißen Blüten entdeckt, dann denkt daran: unsere Probleme können nie hoffnungslos groß sein, weil es Jesus, den Messias, gibt.

□ Vgl. Franz Kett, Kinder erleben Gottesdienst, München 1978, S. 25–31, in einem ausformulierten Gottesdienst; oder ein Gottesdienst, der den auf Jesus wartenden Johannes d. T. zum Mittelpunkt hat, in »Prediger und Katechet« 1/1980, S. 61–65, mit Dias bzw. Bildern.

2. Bei Gott ist nichts unmöglich
(eine Yucca-Palme, deren Stamm, in einen Blumentopf gestellt, wieder ausgeschlagen ist)

Solch einer Yucca-Palme können wir heutzutage auf fast jeder Blumenfensterbank begegnen. Ein Stück Stamm wird eingepflanzt und schlägt nach langer Zeit wieder aus. Wer dieses Geheimnis nicht kennt, hätte den alten Stamm als nutzlos wegwerfen können. Wie so gesprochen wird: »Der ist zu nichts mehr nütze«, »den kannst du vergessen«, »hoffnungsloser Fall«.

Das ist leicht auf den Menschen zu übertragen: Ein Mädchen wird in der Klasse immer schlechter. Die Lehrer und Schüler flüstern es sich schon zu: »Hoffnungsloser Fall«. Ein behindertes Kind beschämt uns in seinem Willen zu leben. Oder ein Jugendlicher zieht von zu Hause aus: Da stirbt etwas ab bei den Eltern. Oder: Jeden Sonntag ging der Schüler zur Kirche. Dann Berufsbeginn, und von heute auf morgen sieht er die Kirche nicht mehr von innen. Ist er für die Kirche zu »vergessen«?
So war es auch im Alten Testament mit fast allen Königen, die nach dem großen König David den Thron bestiegen. Blut klebte an ihren Händen: Mord, Ehebruch, Götzendienst. Das Reich zerfiel. Man konnte sie »vergessen«. Da tritt der Prophet Jesaja auf. In den Augen Gottes ist da nicht alles tot. Jesaja verkündet: »Ein Reis wird aus dem Stumpf Isais (so hieß Davids Vater) sprossen, ein Schößling aus seinen Wurzeln Frucht bringen.« (Wie bei dieser Yucca-Palme hier, deren Stamm wieder ausgeschlagen ist.) Von diesem Sproß werden großartige Dinge vorhergesagt, die in Jesus zutreffen werden. Deshalb singen wir ja auch bald, zärtlich umschreibend: »Es ist ein Ros entsprungen aus einer Wurzel zart.« Von dieser Rose, von diesem machtvollen Sproß wird gesagt – ich nenne nur einige Worte aus dem AT: »Da ist Weisheit, Stärke, Gerechtigkeit, Frieden. Er wird so herrlich sein, daß er zum Signal für die Völker wird; alle pilgern zu ihm.« Ja, Gott kann aus Abgeschlagenem Großartiges werden lassen. Er kann auf krummen Zeilen gerade schreiben. Da ist nichts hoffnungslos.
Diese Palme hier kann uns Mut machen. Aus diesem Stamm ist wieder etwas gewachsen. So denke ich jetzt an ein Mädchen, das jahrelang aktiv in der Kirche mitgearbeitet hatte, sich dann aber von ihr lossagte und zunächst niederschmetternde Wege ging. Ich traf dieses Mädchen dann wieder als Erzieherin bei geistig und körperlich behinderten Kindern! Oder welch' wache Augen und offene Ohren beobachte ich bei Jugendlichen und Erwachsenen, die jahrelang nicht mehr an Kirche und Jesus gedacht haben, aber nach einem Anstoß oder durch eine Person wieder einen neuen Anfang versuchen! Da wächst wieder etwas Neues aus dem verdorrten Stamm; oft an ganz anderer Stelle, als wir es vermuten.
Dieser Sproß hier an der Yucca-Palme wuchs, weil sie gehegt und gepflegt wurde. Wir können heute diese Sprossen sein, von denen es in der Bibel heißt: »Auf ihnen ruht der Geist des Herrn: Der Geist der Weisheit und der Einsicht, der Geist des Rates und der Stärke, der Geist der Erkenntnis und der Gottesfurcht« (Jes 11,2).
Lesung: Jes 11,1–10, besonders die Verse 1 und 10.

□ Zuerst veröffentlicht in »Prediger und Katechet« 1/1981, S. 21f.

3. Warten können

(Teil eines Tropfsteins)

Wie alt schätzt ihr diesen Tropfstein? Er wächst einen Millimeter im Jahr: Tropfen um Tropfen fällt, jeder enthält etwas Kalk, und diese Kalkhäute lassen das Röhrchen unendlich langsam wachsen, bis es eine starke unerschütterliche Säule geworden ist von unten nach oben, von oben nach unten; bis zu vierzig Meter und mehr!

Ein Bild für die Geduld. Oft sehen wir nur dünne Hoffnungsschimmer. Doch wer unverdrossen, unverbittert wartet, kann erleben, wie oft erst nach Jahren etwas entsteht, was so stark und fest geworden ist, daß es uns tragen kann.

Das Volk Israel wartete rund 2000 Jahre auf den Messias. Wer weiß, wie viele Generationen Menschen auf den wiederkommenden Christus warten müssen. Oder: wie lange wird es dauern, bis die Völker Frieden untereinander finden?

Die heilige Monika mußte dreißig Jahre warten, bis ihr Sohn Augustinus sich bekehrte; die große Theresia von Avila betete zehn Jahre lang weiter, obwohl sie kein »Echo« von Gott spürte.

Lesung: Röm 12,12 (Seid fröhlich in der Hoffnung, geduldig in Bedrängnis, beharrlich im Gebet); Jak 5,7–11 (Geduldig ausharren); 1 Petr 2,20 (Leiden erdulden).

□ Vgl. Martin Gutl, Der tanzende Hiob, Graz ^{2}1976, S. 17; siehe auch die Geschichte vom alten Mann, der Apfelbäumchen pflanzt: Vorlesebuch Religion 1, S. 120.

4. Ein Glaubender muß warten können

(ein paar Weizenkörner für jeden)

Ein Kind hat im Balkonkasten Blumen gesät. Das Wachsen der kleinen Pflänzchen geht ihm nicht schnell genug. Schließlich wird es ungeduldig und zieht alle einen Zentimeter aus dem Boden, damit sie größer aussehen. Was geschieht? –

Ich darf euch einladen, mit mir über das »Warten können« nachzudenken. Im Evangelium heute steht der Satz: »Seid wie Menschen, die auf die Rückkehr ihres Herrn warten.«

Konntet ihr mit dem Weizenkorn warten – oder hat es schon einer zwischen den Zähnen zerkaut?

Nehmt jetzt bitte das Weizenkorn in die Hand. Wer sich ganz besonders konzentrieren will, schließt am besten die Augen. – Spürst du das Korn zwischen den Fingern? – Vertiefe dich mit deinen Gedanken in die Sätze, die ich jetzt langsam spreche:

Warten können – bis dieses Weizenkorn in der Erde stirbt, um ein grünes Hälmchen zu ernähren.

Warten können – bis die Zeit des Winters mit Eis und Schnee durch eine freundlichere Witterung gebrochen wird.

Warten können – bis der Halm die Ähre trägt und Sonne, Wind und Regen die Körner reifen.
Warten können – bis die Ernte eingebracht ist.
Warten können – bis die Körner zwischen den Mühlsteinen zu Mehl zerrieben sind.
Warten können – bis die Glut des Backofens aus dem Teig köstliches Brot macht.
Warten können – bis Menschen das Brot essen und stark und froh werden.
Warten können – bis wir das Brot miteinander teilen und alle satt werden.

Schaut mich alle an! Habt ihr es ausgehalten, euch so lange zu konzentrieren? – Darf ich noch weitermachen?

Bei uns Menschen ist es ähnlich wie mit dem Weizenkorn. Auch wir stehen immer wieder zwischen Säen und Ernten. So hat ein Sänger schon im Buch der Psalmen gesungen: »Die mit Tränen säen, werden mit Jubel ernten. Sie gehen hin unter Tränen und tragen den Samen zur Aussaat. Sie kommen wieder mit Jubel und bringen ihre Garben ein« (Psalm 126,5–6).

Jetzt spreche ich wieder langsam Sätze vom »Warten können«, die sich auf uns Menschen beziehen. Vielleicht werden nur die Erwachsenen alles verstehen. Versuch mal, mitzudenken! Du kannst dabei wieder die Augen schließen.

Warten können – bis das Gute einmal sichtbar wird, das ich täglich zu säen versuche.
Warten können – bis trotz des Eises der Enttäuschungen und schlechten Erfahrungen eine freundlichere Atmosphäre entsteht.
Warten können – bis ich im Gegenwind der Forderungen stärker und selbständiger werde.
Warten können – in der Tretmühle der Schule, des Berufes und des Alltags – bis ich einsehe, daß ich nicht nutzlos bin.
Warten können – in der Feuersglut der Prüfungen, der Krankheiten und Leiden – bis ich einen Sinn erkenne.
Warten können – bis mein großes Ich immer mehr stirbt im Teilen und Schenken.
Warten können – bis ich hin und wieder spüre, daß Gott mir ganz nahe ist.
Warten können – bis ich fest glauben kann, daß Jesus im Brot des Lebens zu mir kommt.
Warten können – bis unser Herr Jesus Christus wiederkommt. –

»Seid wie Menschen, die auf die Rückkehr ihres Herrn warten!« Dann werden wir mit Jubel ernten.

Die Teilnehmer werden gebeten, dieses Samenkorn nach Möglichkeit zu Hause einzupflanzen. Und jedesmal, wenn der Blick darauf fällt, sollten sie denken: »Ich kann warten!«

□ Zuerst veröffentlicht in »Prediger und Katechet« 5/1980, S. 621f.

5. Zeiten der Ruhe

(ein gebrauchter Gipsverband)

Für Jugendliche und Erwachsene

Diesen Gipsverband hat mir ein Mann zur Verfügung gestellt. Sie wissen ja, wann ein solcher Gipsverband nötig wird: an einer Stelle ist der Knochen einer zu großen Belastung ausgesetzt gewesen und gebrochen. Der Gips stellt die Bruchstelle ruhig, so daß in aller Stille Nährsalze durch das Blut herangebracht werden und sich neue Gewebe aufbauen. Am Ende wird die Bruchstelle widerstandsfähiger sein als vorher. Ohne Gipsverband wäre der Mann zeitlebens behindert gewesen.

Es gibt aber noch andere Brüche: an der Seele und in unseren Gemütskräften. Z. B. ist der Partner kaum noch zu ertragen; ein Kind beansprucht uns zu sehr; die Belastungen durch die Schule oder im Beruf sind zu hoch. Sicher haben Sie schon gesehen, wie eine Mutter bei der geringsten Kleinigkeit zu weinen anfängt: sicheres Anzeichen, daß innerlich etwas gebrochen ist. Um diese inneren Brüche zu heilen, benötigen wir einen »Gipsverband um die Seele«: Stille und Schweigen. Wenn wir uns genügend Zeit für das Ausheilen lassen, sind wir in diesem Punkt belastbarer als vorher.

Wie sind wir doch kurzsichtig! Für einen Bruch des Fußes oder des Armes lassen wir uns die Zeit. Bei den inneren Zusammenbrüchen meinen wir, »das geht schon vorbei« oder »stelle dich nicht so an«.

In der Stille wachsen Kräfte. Alle großen Menschen kamen und kommen aus der Stille und suchen immer wieder die Stille. Erinnern wir uns an Mose: Als er den Ägypter getötet hat, zieht er sich jahrelang in die Wüste zurück, bis er heranreift zu dem Mann, der das Volk der Israeliten in das neue Land führt. Oder Johannes der Täufer: er härtet sich jahrelang in der Wüste ab, um dann glaubhaft und mit hohem Anspruch seine Botschaft zu verkünden. Oder Jesus: Bevor er sich mit den Menschen einläßt, geht er erst vierzig Tage in die Wüste; auch während seiner öffentlichen Tätigkeit zieht er sich immer wieder in die Stille zurück.

Wer unseren Papst auf seiner Deutschlandreise beobachtet hat, konnte feststellen, daß er sein übermenschliches Programm nur durchhalten konnte, weil er immer wieder an den Gräbern der Heiligen oder bei Gottesdiensten, in der Stille, im Gebet, in der Begegnung mit Gott, Zuflucht nahm.

Darum auch heute die Suche vieler Menschen nach Meditation, um zur Mitte des Lebens zu finden: um zu leben und nicht mehr gelebt zu werden. Vielleicht hat die Stille solch heilende Kraft, weil der Mensch neun Monate in der Stille des Mutterleibes herangewachsen ist. Und jedes gefüllte Schweigen wie auch tiefer, ausreichender Schlaf führen uns wieder zu dieser Quelle, wie auch Menschen in der Stille zueinanderfinden.

Jetzt verstehen wir auch besser die Worte Jesu:

Evangelium: Mt 11,28 (Kommt . . ., ich werde euch Ruhe verschaffen.)

Wer spürt, daß er seine innere Einheit verloren hat, dem empfehle ich einen Gipsverband in Form von täglichen Stillezonen und Schweigen. Die Stunden des Advent sind ein Angebot, die Geduld und das Warten in der Stille zu üben. Oder müssen die Menschen und Gott erst noch mehr in uns zerbrechen, damit wir nach »Ruhestellung« an manchen Stellen fester werden?

6. Licht für die Welt sein

(eine große Sonne auf Papier an einer Kirchenwand; auf den Strahlen stehen Namen der Kinder.)

Evangelium: Mt 5,14–16 (Ihr seid das Licht der Welt).
Christus, das Licht der Welt (= Sonne), das zu jedem in der Taufe gekommen ist (= Taufkerze). Wir sind die Strahlen, die in jeden kleinen Winkel hineinleuchten können. Wodurch können diese Strahlen die Welt heller machen? Wir schreiben es über die Strahlen: Liebe, Güte, Verzeihen . . . Und ans Ende der Strahlen schreiben wir, in welches Dunkel sie treffen können: Krankheit, Armut, Traurigkeit, Trauer, Streit.

□ Gespielte Kurzszenen können das Ganze noch mehr veranschaulichen. Ausführlicher s. Winfried Blasig, Sonntag für Kinder, Band 7, Einsiedeln [2]1981, S. 83–87.

7. Wer leben will, muß lieben

(Schlüsselbund mit Schlüsseln, einer davon besonders groß und schön)

Wir alle wollen glücklich werden. Wir sind auf der Suche nach dem Schlüssel, der uns die Tür zu Ansehen, Erfolg . . . aufschließt. Für uns Suchende hält die Welt ein ganzes Bündel Schlüssel bereit.
Dieser Schlüssel heißt Macht. Die Macht – sagen viele – ist der Schlüssel zu einem glücklichen Leben: Supermann mußt du sein. Oder hier diese Schlüssel: Geld, Besitz, Jugend, Schönheit, Leistung . . .
Welchen Schlüssel bietest du denen an, die suchen? In der Bibel steht ganz klar: der Schlüssel heißt LIEBE. Wer Liebe schenkt, erhält sie zurück. Wer liebt, dem wird viel vergeben. Du kannst sehr viele Gebote halten, doch wer liebt, erfüllt alle Gebote, das ganze Gesetz.
Der Schlüssel »Liebe« ist kein Rezept, sondern ein Weg. Jesus hat uns diesen Weg am besten vorgelebt: Er vergibt und heilt, tröstet und macht Hoffnung, sagt schonungslos die Wahrheit und macht sie doch erträglich und befreiend.
Lesung: Röm 13,8–10: Die Liebe faßt alle Gebote zusammen; 1 Kor 13 (Auszüge aus dem Hohenlied der Liebe); 1 Joh 3,11–14 (Liebt einander), aber auch der gesamte 1. Johannesbrief.

□ Vgl. Heinrich Jacob, »Prediger und Katechet« 5/1978, S. 637–40.
Lieder im Advent zum Thema Schlüssel: GL 112,5 O Schlüssel Davids . . ., komm, führ uns aus des Todes Haft; Kölner GL 829,4 Mit Davids Schlüssel niedersteig, schließ auf das Himmelreich . . . (= Jesus als *der* Schlüssel).

8. Die Tür zum Leben

(eine Tür, Türstock – bei einem Schreiner ausleihen)

1. Evangelium: Joh 10,1–10: Jesus sagt: Ich bin die Tür . . . Ihr seid schon durch viele Türen gekommen, um jetzt hier in der Kirche zu sein . . .
Ein paar Kinder können im Chorraum die Tür spielen (= Pendeltür: Hände gegeneinander ausstrecken). Es gibt Türen, die eher verschließen (= nur an sich denken, Machtgier). Wir selbst können zur verschlossenen Tür werden, wenn wir den Geist Jesu nicht in uns wirken lassen (Pfingsten). Warum gehen so wenige durch die Tür Jesu? Schwellenangst? Zu wenig »Bedürfnis«? In den vier Wänden unserer Gewohnheiten bleiben? Hinter dieser Tür ist doch »das Leben in Fülle«! Gott braucht mehr Menschen, die dafür werben, durch diese Tür zu gehen. In dieser Tür wird sichtbar die Güte und Menschenfreundlichkeit Gottes (Titusbrief).
2. Jede Tür (ob die Drehtür einer Bank oder eines Theaters, die Schwingtür in manchen Amtsstuben und Lokalen, die Haustür der Wohnung oder der Kirche . . .) verbindet zwischen draußen und drinnen. Bleibt sie verschlossen, trennt sie.
In der Sprechstunde des Arztes oder beim Arbeitsamt spüren Wartende, wie ein Stück ihres Lebens vom Durchgang durch die Tür abhängt. – Es ist unangenehm, zwischen Tür und Angel abgefertigt zu werden. Unwillkürlich erschrickt man, wenn eine Tür unwiderruflich ins Schloß fällt. »Hinter Schloß und Riegel« eingesperrt zu sein, ist furchtbar. So kann eine Tür befreien und bedrohen.
Wenn Jesus sagt, ich bin die Tür, meint er nur das Einladende der Tür. Wer durch diese Tür tritt, wird gerettet. Denn Jesus ist gekommen, damit wir das Leben haben und es in Fülle haben (Joh 10,10).
Jesus ist die Tür, ist Leben in Fülle. Da bleibt kein Raum für Schloß und Riegel. Wir sind eingeladen, einzutreten!

□ Stark verkürzt nach Matthias Ball, »Anzeiger für die Katholische Geistlichkeit«, 5/1980, S. 166.

Jesus sagt: »Im Hause meines Vaters sind viele Wohnungen« (Joh 14,2). Da steht die Tür auch für mich weit offen.
Als die Armen und Krüppel und Blinden und Lahmen von den Straßen und Gassen hereingeführt waren, sprach der Knecht: »Es ist aber noch Platz!« (Lk 14,21–23) Der Herr, der uns einlädt, will, daß sein Haus voll wird: Raum ist für uns alle noch genügend da!

□ Vgl. Helmut Mayer in »Löwensteiner Materialdienst«, Löwenstein-Altenhan, »Wir meditieren«, April 1976, S. 15.
Siehe Offb 3,7–8a: Der Schlüssel Davids öffnet . . . ich habe vor dir eine Tür geöffnet, die niemand schließen kann. – Und Offb 3,20: Ich stehe an der Tür und klopfe . . .
Hier kann mit Dias von offenen und verschlossenen Türen ein ganzer Bußgottesdienst vor Weihnachten gestaltet werden.

3. Aber auch auf Maria (= Tür zu Jesus und dem dreieinigen Gott) ist dieses Zeichen anwendbar. So heißt es im Hirtenbrief der deutschen Bischöfe zum Thema »Maria, die Mutter des Herren: (Amtsblatt des Erzbistums Köln 16/1979, S. 148): »Indem die Kirche auf Maria blickt . . ., betet sie zu jenem Idealbild ihrer selbst, das nichts weiter ist als die offene Tür, der Durchgang und Hinweis auf Christus und den dreieinigen Gott. Aber da im Christentum nichts abstrakt, sondern alles konkret und leibhaftig ist, sollte auch diese Tür und dieser Durchgang ein lebendiger Jemand sein. Die Tür steht immer offen, und wir sind nicht verpflichtet, bei jedem Gebet an den Sohn ausdrücklich der Mutter zu gedenken. Aber wie sinnvoll ist es trotzdem, von dieser Mutter die Art und Weise neu zu lernen, wie man dem Sohn am besten begegnet . . .«

9. Aufnahmebereit wie Maria
(eine Schale voll Erde)

Maria war wie diese offene Schale voll Erde: empfänglich, aufnahmebereit. Das Entscheidende tut Er. Sein Same bewirkt den neuen Anfang, den wir Christus nennen. Und in diesem Sinne ist Josef wirklich nicht der Vater. Das Entscheidende an der Jungfräulichkeit Mariens ist, aufnahmebereit zu sein für IHN, der das ganz Neue einpflanzt und nicht etwas fortsetzt.
Aufgabe unseres Lebens ist es, wie Maria aufnahmebereites Erdreich zu sein: für Seine Wunder; für den neuen Anfang, den Er wirken will. (Gerhard Dane, Köln)
Evangelium: Lk 1,26–38 (Maria will ganz für Gott da sein).

□ Siehe auch in diesem Buch: Zeichenpredigt Nr. 105 mit verschiedenen Krügen.

10. Bereitet den Weg des Herrn
(Hindernisse auf dem Weg zum Altar, die zum Lichterbaum werden)

Vier Hindernisse versperren den Weg zum Altar = vier große, grüngefärbte Kartons von unterschiedlicher Größe, die man später zu einem etwas abstrakten Tannenbaum aufeinandertürmen kann.
An jedem Sonntag wird ein Hindernis (1. Hindernis: unsere Fehler, 2. Streit, 3. Unwahrhaftigkeit, 4. falsche Erwartungen) näher gekennzeichnet und mit Spielen verdeutlicht. Die Kinder können Vorsätze daraufschreiben und gemalte Bilder aufkleben. Jedes »bewältigte« Hindernis wird neben den Altar gelegt und eine brennende Kerze darauf gestellt. In der Christmette sind die Bilder entfernt, Baumschmuck und noch mehr Kerzen werden angeheftet. So wird der Hindernisbaum zum Lichterbaum.

□ Heinz-Theo Lorenz, Düsseldorf. Ausführlicher in der »Kindermeßbörse« Nr. 32, S. 3f, oder *Religiöse Spiele* 1, S. 36–38.

Andere Deutungen für die Hindernisse: Außenseiter, Wohlstand, Krankheit – Tod, Unrecht – Gewalt, Vorurteile ... Jedes bewältigte Hindernis kann auch zur Stufe werden, die uns weiterführt (Lk 3,3–6: Bereitet den Weg des Herrn).
Evangelium: Mt 5,23.24 (Versöhne dich erst, bevor du opfern kommst).

11. Adventskranz
(ein Adventskranz)

a) Bei einem riesigen Korb voll geschnittener Zweige binden die Teilnehmer Adventskränze und erzählen dabei von ihren Hoffnungen und was ihnen Hoffnung macht. Diese Gedanken können in den Gottesdienst eingebracht werden.
b) Die Gemeinde ist ein Kranz von Hoffnung. Jeder einzelne von uns ist ein Zweig. Die vier Evangelien sind die Kerzen, die dieser Kranz halten muß. Wenn uns als Gemeinde das Licht der Evangelien nicht aufgeht, was dann? Wir heben die frohe Botschaft der Welt entgegen. Eine Gemeinde, die wirklich zusammengebunden ist im Glauben und die vier Evangelien ins Licht hebt, solch eine Gemeinde ist wirklich eine runde Sache.
c) In unserer Gemeinde zündet immer der Älteste im Gottesdienst die erste Adventskerze an: Wir empfangen etwas von den Älteren und den Eltern, das wir von Generation zu Generation weitergeben müssen. (Gerhard Dane, Köln)

12. Ankunft
(ein Fernglas)

a) Unser Glaube ist gerade im Advent wie ein Fernglas: Mit ihm sehen wir schon deutlicher, was im Kommen ist oder uns noch weit weg erscheint. Der Glaube hat Weitblick; wir sollen uns schon jetzt auf die Zukunft einstellen. Adventszeit: Es kommt auf die Scharfeinstellung an und das Öffnen der Augen. (Gerhard Dane, Köln)
b) Wir halten gerne mit einem Fernglas Ausschau. Mit Johannes d. T. (Ev.: Lk 1,5–14) wird schon etwas Neues angekündigt: Ein neuer Lebensstil; ein Wegbereiter, der zurücktreten kann. Wären wir doch nur schon wie dieser Johannes: Ausschau halten und in Erwartung bleiben. »Mein Gott, welche Freude, an dem Tag, an dem du kommst!«

□ Hubert Lerch, Maxdorf; s. auch das »Fernglas« in anderer Bedeutung: *133 Kinderpredigten*, S. 45, Werde kein Heuchler.

Andere Ideen

1. Mauer. Eine große Mauer (z. B. aus Gasbetonsteinen) ist in der Nähe des sonst üblichen Adventskranzes errichtet. Statt des Adventskranzes ist ein langer Birkenbalken aufgehängt, auf dem nach und nach die Adventskerzen und Tannenzweige befestigt werden. Sonntag für Sonntag rücken nun die Steine der Mauer auseinander. Sie versinnbildlichen das, was uns von Gott und untereinander trennt: Herzenskälte (Lk 3,1–6, Bereitet den Weg); Gewalt (Mt 5,38–48, Ich aber sage euch . . .); Vorurteile (Mt 7,1–5, Nach dem Maß, mit dem ihr meßt, wird wiedergemessen); Unterschiede: arm – reich, gesund – krank, groß – klein . . . (Mt 1,18–25, Die – unbedeutende – Jungfrau wird ein Kind bekommen). Alle Begriffe durch Spiele oder Sprechspiele veranschaulichen! Durch Blumen, Kerzen und Tannenzweige wird die Mauer noch mehr »aufgelöst« –, bis sie Heiligabend eine Lücke aufweist, in die die Krippe gestellt wird: Die Mauer ist durchbrochen durch das Licht.

□ Ulrich Hinzen in vier ausformulierten Gottesdiensten in »Gottesdienste mit Kindern und Jugendlichen«, 11 und 12/1978.

2. Mauer. Zwischen Jugendlichen und Erwachsenen, die auf dem Boden sitzen, ist eine Mauer gebaut, auf deren einzelnen Teilen typische Generationskonflikte geschrieben sind. Beim Dialog über die Mauer hinweg wird jedesmal ein Stein weggelegt, wenn ein Kompromiß erzielt wurde. Der Stein dient als Sitz, so daß am Ende alle im Kreise sitzen (hoffentlich!).

3. Licht. Kinder stellen sich hinter eine noch nicht angebrannte Kerze vor dunklem Hintergrund und hinter eine halb abgebrannte und brennende Kerze vor hellem Hintergrund. Sie erfinden ein Gespräch zwischen diesen beiden Kerzen, in dem herausgearbeitet wird, daß die brennende Kerze zwar kleiner und kürzer wird, dafür aber Licht und Wärme spendet, also ihr Leben »sinnvoller« ist, wie auch Jesus in die Welt kam, sich verbrauchte und so für uns Licht wurde. Wir leben richtig, wenn wir selbstlos lieben.

□ Hl. Familie, Gelsenkirchen, »Kindermeßbörse« Nr. 23; eine sehr gute Meditation zum Licht in Willi Hübinger, Nicht hoffnungslos, München 1980, S. 69–71.

4. Licht. Für jeden Teilnehmer eine Kerze. Dazu eine ausformulierte Bußfeier in *Anschauliche Predigten,* S. 128–33.

5. Weltzeituhr. Mit der Stunde Null wird vor rund fünf Milliarden Jahren die Erde. Etwa um 5.15 Uhr entsteht das erste Leben auf der Erde. Um 20.45 Uhr beginnt die Entfaltung der Pflanzen und Tiere, zunächst der Fische. Um 23.30 Uhr erscheinen die Säugetiere. Und ganze achtzehn Sekunden vor dem Ende des Tages tritt der Mensch ins

Licht der Geschichte, Jesus eine halbe Sekunde vor dem Glockenschlag. – Wenn Gott einen Plan mit der Welt hat, beginnt mit Jesus der Höhepunkt. Wohin wächst die Schöpfung (Teilhard de Chardin)? Hat der Mensch als Herr und Verwalter der Schöpfung noch alle Kräfte der Natur in der Hand? Kommt ein plötzliches Ende?

□ Stark verkürzt nach Alois Stiefvater, Einstiege für die Predigt, Freiburg [2]1979, S. 115–17.

6. Brücken. Im Mittelgang liegt ein Haufen Bretter und Taue. Ein Kind spricht auf diesen Brettern einen Text vom Durcheinander, vom Haß und von den Katastrophen in der Welt, die Jesus ankündigte (Lk 21,20–28). – Langsam wird aus diesem Gewirr von Brettern eine Brücke. Zuerst entstehen die Pfeiler = Verteidigung der Schwachen, Verzeihen, Teilen (Mt 5,38–48). Wir brauchen dabei Menschen als Vorbilder wie Mutter Teresa oder Dom Helder Camāra. Früher waren es Propheten, die uns die Richtung zeigten: Johannes der Täufer steigt auf die erste Bohle der fertigen Brücke (Lk 3,4–16). Auf die fertige Brücke wird schließlich die Krippe gestellt.

□ Ulrich Hinzen in einem Zyklus von Gottesdiensten vom 1. Advent bis einschließlich Christmette: Werkmappe »Gottesdienste mit Kindern und Jugendlichen«, Nov. und Dez. 1980, Brücken bauen.

7. Brücken (eine große gebastelte Brücke, die zwei Ufer verbindet, oder eine Postkarte für jeden mit dem Bild einer Brücke oder das Bild von der Brücke in der Missio-Leuchtbox).

Brücken verbinden getrennte Ufer, machen Wege gefahrloser. Wer baut bei Menschen Brücken, wenn Feindschaft, Lüge und Mißtrauen alle Wege zueinander verbaut haben? Brücken, die wieder verbinden: ein gutes Wort, ein Brief, ein Lächeln, eine helfende Tat, kurz *Liebe* (Lk 6,27ff).

Brücken von Jung zu Alt, Mann zur Frau, vom Eingeschlossenen zum Aufgeschlossenen, vom Verzweifelten zum Tröstenden, vom Glaubenden zum Zweifelnden. In Jesus finden wir die Brücke, die uns mit Gott und untereinander verbindet.

□ Heriburg Laarmann in »Gottesdienste mit Kindern und Jugendlichen«, Werkmappe Februar 1981; als Bußgottesdienst in »Prediger und Katechet« 3/1979, S. 441–44.)

Beachten Sie die Lieder zum Thema: »Ich möchte gerne Brücken bauen« (Kurt Rommel); »Eine Brücke laßt uns bauen von hier bis an des Himmels Rand, eine Brücke aus Vertrauen, jedem Menschen, jedem Land . . .« (Josef Reding).

8. Warten. Eine Angel erinnert an das Warten, Sich-Bemühen, Glück-Haben und den Erfolg eines Anglers.

Evangelium: Mt 13,44–46 (Vom Kaufmann, der edle Perlen sucht). Advent = Zeit des Suchens und Wartens.

□ Nach Pfeil/Bouwmans, Neuss, in der »Kindermeßbörse« Nr. 34.

9. Umkehren. Ein Tonkrug (= Gemeinde) wird vor den Zuhörern zertrümmert. Alte Predigt eines Propheten: Lesung Jer 19,1–11 (. . . so zerschlage ich dieses Volk).

□ Ausführlicher s. *Wir freuen uns auf die Predigt,* S. 108. Zum Thema »Umkehr« s. auch die Fastenzeitpredigten.

10. Adventskränze. Kinder bringen die Adventskränze mit zur Kirche. Die religiösen Aussagen hervorheben:
Licht weist den Weg, vertreibt Angst und fördert Gemeinschaft. Es deutet auf Jesus, das Licht der Welt.
Die vier Kerzen zeigen den stufenweisen Aufstieg zum vollen Licht der Weihnacht.
Der grüne Kranz: Hoffnung. Jesus wird wiederkommen.
Rote Kerzen: Christus liebt jeden von uns. Dunkel und Tod werden nicht siegen.
Violette Bänder: Wo müssen wir unser Leben ändern?

□ Dazu gibt es eine eigene Segnung im neuen Benediktionale, Einsiedeln/Freiburg 1978, S. 25–33.

11. Andere Zeichenpredigten zum Advent

133 Kinderpredigten: ein Wecker (S. 14–16); Adventskranz (S. 21); grünes Velum (S. 22); Licht (S. 22f) und vier »andere Ideen« (S. 24).

Zeichenpredigten zu Weihnachten

13. Wer beschenkt ist, muß weiterschenken

(ein schön eingepacktes Geschenk, oder: jeder hat ein kleines Geschenk mitgebracht; Wert bis etwa 2 DM, nach Möglichkeit selbst gebastelt)

Geschenke sind Zeichen der Liebe. Hier kann das amerikanische Märchen von den kleinen Leuten in Swabedoo erzählt werden: Die Leute verschenken aus ihrer Freude heraus weiche Pelzchen. Der Vorrat an Pelzchen geht nie aus, bis ein großer, grüner Kobold Unfrieden sät mit dem Hinweis: »Gib doch nicht einfach alle Pelzchen weg; sie werden dir ausgehen!« Tatsächlich geht jetzt der Vorrat durch Selbstsucht und Habsucht zu Ende. Nur wenige wissen noch um das Geheimnis: Wer viel schenkt, dem geht der Vorrat nie aus. (Geschichten zum Weiterdenken, München/Mainz 1979, S. 239–42)

Wir tauschen die mitgebrachten Geschenke aus. Wenn geteilt wird, werden alle satt (und froh):

Evangelium: Mk 6,32–44 (Die Speisung der Fünftausend): »Wenn jeder gibt, was er hat, dann werden alle satt!« (Liedruf von P. Janssens).

Der Vater im Himmel ist auch ein schenkender Gott: Sein größtes Geschenk an uns ist Jesus, der uns Freude, Leben, Liebe, Frieden, Vergebung schenkt. Er schenkt sich uns in jeder Messe als frisches Brot und belebender Wein. Die Freude über dieses große Geschenk geben wir in unseren Geschenken weiter: aus Liebe – ohne jede Berechnung. Nur so wird die Welt froher und glücklicher! (Nach Heriburg Laarmann)

Weitere Gedanken in der Dia-Meditation Nr. 5, Schenken und Nehmen, von Elmar Gruber / Fritz Fischer, Impuls Studio, München: Es gibt auch Geschenke, »Werbegeschenke«, die gefügig machen, überlisten, eine Zuneigung erkaufen wollen. Solche Geschenke bedrohen, machen unfrei.

Andere schenken nur vom Überfluß und um bewundert zu werden. Sie schenken nichts von sich selbst, ihr Geschenk ist nur eine Tarnkappe der eigenen Selbstsucht. Der Wert des Geschenkes liegt also nicht darin, wie teuer es war, sondern, ob ich mich selbst darin schenke, in welcher Gesinnung ich schenke.

Evangelium: Lk 21,1–4 (Opfer der Witwe).

Wirkliche Geschenke lösen ein Gegengeschenk aus, keine Gegenleistung. Denn wenn einer mein Geschenk mit herzlicher Freude betrachtet, bin ich glücklich, bin *ich* der Beschenkte. Echtes Schenken setzt voraus, daß ich mich vorher in den anderen hineindenke, um seine Wünsche zu entdecken.

Eigentlich ist die ganze Welt ein Geschenk an uns. Nur die Kinder erfassen das noch

unbewußt, wenn sie spielen und das, was sie in Händen halten, ganz annehmen als Geschenk. Wir sollten mit Geduld versuchen, wieder genügend Kind zu werden!
Evangelium: Mt 18,1–5 (Wie die Kinder werden).

□ Siehe auch: Das Geschenk zum Muttertag, *Wir freuen uns auf die Predigt,* S. 45f.

14. Das Unmögliche möglich machen
(eine Christrose)

Evangelium: Mt 2,9b–11a (Der Stern blieb stehen, wo das Kind war).
Eine Legende berichtet, Gott habe im Stern nicht nur Hirten und Magiern den Weg zum Jesuskind gezeigt, sondern er habe auch überall, wo die Strahlen des Sternes von Betlehem die Erde berührt haben, eine Blume mit großer, weißer Blüte und dunkelgrünen Blättern wachsen lassen: die Christrose. Sie sollte auch noch anderen den Weg zeigen, die Christus suchen. So eine Christrose kannst du in diesen Tagen in Parks oder Vorgärten mitten im Schnee leuchten sehen.
Diese Christrose will uns sagen: Ich mache Unmögliches möglich; mitten in Eis und Schnee blühe ich, so wie Gott in Jesus Mensch wurde. Und wie ich mich nicht von der Kälte (= Hoffnungslosigkeit) und dem Eis (= Unfrieden, Haß) besiegen lasse und einfach blühe, so sollst du das gleiche versuchen und anderen den Weg zu Christus zeigen.

□ Vgl. Konrad Baumgartner in »Prediger und Katechet« 1/1977, S. 107f.

15. Der Paradiesesbaum
(ein geschmückter Tannenbaum)

In allen Religionen und Kulturen wird der Baum sehr geschätzt. Er ist ein Zeichen des Lebens, Sitz von Gottheiten. Darum die Gerichtslinde oder der Maibaum. Auch in der Hl. Schrift spielt der Baum eine große Rolle: Der Baum im Paradies, der Sproß aus der Wurzel Jesse, Zachäus klettert auf einen Baum, der Feigenbaum wird verflucht, Palmzweige werden zur Huldigung des Königs gebrochen. Schließlich »der Baum« des Kreuzes.
Der Weihnachtsbaum ist noch gar nicht so alt. Die Kirche hat den Brauch vielfach bekämpft, weil man annahm, er gehe auf den altgermanischen Weihe- und Segensbaum (immer grün = göttlich/ewig) zurück. Er wird erstmals um 1600 im Elsaß erwähnt: Am Dreikönigstag seien dann die Äste, mit Äpfeln und Oblaten geschmückt, von den Kindern geplündert worden. Um 1850 erst hielt der Weihnachtsbaum auch seinen Einzug in die Kirchen.

Der Tannenbaum stellt *auch* den Pradiesesbaum dar (vgl. *133 Kinderpredigten*, S. 24–26), von dem die »Früchte des Lebens« gepflückt werden: Äpfel (das Wort »Apfel« heißt in der lateinischen Sprache »malum« = das Böse/der Apfel, den Eva aß und an Adam weitergab), Nüsse etc. Die Früchte wurden in Goldpapier eingewickelt, daher die Christbaumkugeln. Die Verbindung mit Licht = Kerzen kann auf vorchristliche Vorstellungen bei der Wintersonnenwende zurückgehen: Sehnsucht nach Licht und Wärme in der dunklen, kalten Jahreszeit. Das Licht des hellen Sterns von Betlehem liegt natürlich auch nahe. Oder ist einfach ein österliches Element (= Osterkerze) auf Weihnachten übertragen worden?
Jesus überwand am Holz des Kreuzes den Baum, von dem im Paradies der Tod kam. Im Tannenbaum ist uns der Paradiesesbaum mit den »Früchten des Lebens« geschenkt: Christus, der wiederkommen wird mit Macht und Herrlichkeit.
Evangelium: von Weihnachten.

□ Vgl. Der Weihnachtsbaum und seine Geschichte, »Kölnische Rundschau« 6. 12. 1980, und Th. Schnitzler, Kirchenjahr und Brauchtum neu entdeckt, Freiburg 1977, S. 12.

16. Das schönste und wertvollste Geschenk an den Menschen

Für Erwachsene
(ein Säugling)

Sich aber von der Mutter das richtige Tragen zeigen lassen, damit er nicht zu weinen beginnt! – Meditativ sprechen; dabei immer dem Kind ins Gesicht schauen. Der Autor ist sich dessen bewußt, daß diese Predigt aus dem Rahmen fällt, denn ein Kind ist kein Gegenstand!

Dieses Kind ist ein Geschenk: Für die Mutter, die es geboren, und den Vater, der mitgewirkt hat. Es ist das kostbarste und schönste Geschenk Gottes an uns Menschen. Ein Geschenk auf Zeit. Solch ein Kind darf keiner besitzen. Es ist kein Abklatsch, keine Kopie der Eltern. Es ist wie ein Pfeil, der vom Bogen der Eltern abgeschossen ist. Es braucht die Nähe und das Vertrauen der Eltern, die es aber nicht »festhalten« dürfen: Das Kind soll *sein* Wesen entfalten.
So ein Kind läßt uns staunen: Es ist ein Wunder. Ver»wunder«ung überkommt nicht nur die Eltern. Es bleibt auch ein Geheimnis. Wir können das Größere, das Andere in ihm spüren, aber nicht begreifen. Dieses Kind ist ein so großes Wunder: Da muß Gott seine Hand im Spiel haben.
So ein Baby ist uns ausgeliefert, hilflos. Es braucht viel Liebe. »Jedes Kind ist ein Angriff Gottes auf unsere Lieblosigkeit!« (Kurt Marti). Uns befällt Sorge und Angst: Machen wir im Umgang mit diesem Kind alles richtig? Wird es ein guter Mensch? Behalten wir sein Vertrauen? Geht es durch alle Gefahren?
Auch darum wird ein Kind getauft: Damit ihm und uns noch einer beisteht. Er, der

sagt: »Fürchte dich nicht. Ich habe dich bei deinem Namen gerufen. Du bist mein« (Jes 43,1).
Wasser, lebenspendendes Wasser wird über das Köpfchen gegossen. Und unsichtbar nimmt es ein anderer an die Hand, zu dem es auch »Vater« sagen kann. Aus dem Ebenbild Gottes wird ein Freund Gottes, ja ein Sohn, eine Tochter.
Als Säugling und Kleinkind durchlebt dieser neue Mensch nun die wichtigsten Augenblicke seines Lebens: Jetzt muß es erfahren, daß es geborgen ist, so aufgehoben, geschützt und versorgt wie im Mutterleib. Wenn es sich – noch unbewußt – jetzt angenommen und geborgen fühlt, wird es später auch verstehen und erfahren können: Gott hat dich angenommen. Die zuverlässige und bleibende Liebe der Eltern ist die Tür für sein bleibendes Vertrauen auf Gott. Liegt hier die Antwort auf die Frage, warum heute so viele vor den verschlossenen Türen ihrer Gottesliebe stehen?
So ein Kind liegt Weihnachten in der Krippe. *Das* Geschenk Gottes an uns Menschen. *Das* Wunder Gottes: Gott – ein Kind. Der Mächtigste – hilflos den Menschen ausgeliefert. Können wir über das Kind in der Krippe noch staunen?

Diese Predigt ist in Auszügen auch für Kinder denkbar. Allerdings sollten jüngere Kinder dann ihre Puppe mitbringen und sie während der Predigt im Arm liebhalten. Siehe auch »Wie die Kinder werden«, s. u. Nr. 122.

Evangelium: von Weihnachten oder Mt 18,1–5 (Wer ist der Größte?) oder Mk 10,13–16 (Jesus und die Kinder).

Andere Ideen

1. Mehrere Wappenschilder sind gemalt worden, die in der Regel aggressive Zeichen haben: Adler, Löwe, Hammer und Sichel, geballte Faust . . . Daneben wird das Bild der Madonna mit Kind auf ein Wappen geklebt oder gemalt: es spricht eine andere Sprache.
Lesung: Jes 7,10–14 (Ein Zeichen wird euch gegeben: Seht, die junge Frau wird schwanger werden und einen Sohn gebären).

□ S. Winfried Blasig, Sonntag für Kinder, Band 7, Einsiedeln [2]1981, S. 29–33.

2. In vielen Familien findet sich als Geschenk zu Weihnachten – jetzt oder früher – eine elektrische Eisenbahn. Daran anknüpfend wird eine Schiene der Spielzeugeisenbahn mitgebracht. Interpretation: Wir als gutes Fundament für die Schiene = ererbte Anlagen; Schwellen = Erlerntes; Schrauben anziehen = selbst etwas dazutun; ist gut »gearbeitet« worden: Schnellzugtempo möglich; bei nachlässiger Arbeit: Entgleisungsgefahr; Verkehrsschilder an der Strecke = Angebote, »in der Bahn« zu bleiben etc.
Evangelium: Je nach Aspekt, z. B. zum guten Fundament Mt 7,24–27 (auf Felsen bauen).

3. Gott ist Mensch geworden (eine Spiel-Trafostation). Wenn der elektrische Strom in seiner Hochspannung in unsere Betriebe und Wohnungen käme, würden alle Sicherungen durchbrennen. In dieser Stärke und Spannung ist der Strom nicht abnehmbar. Darum gibt es Trafostationen wie diese hier, in denen der Hochspannungsstrom auf Niederspannung gebracht wird.
Wenn Gott in seiner ganzen Göttlichkeit und Herrlichkeit auf uns Menschen zukäme, gingen auch bei uns alle »Sicherungen« durch: wir müßten vergehen; es wäre für uns nicht zum Aushalten. In Jesus aber ist das Göttliche gleichsam auf Niederspannung gebracht, so daß wir es annehmen können.

4. Weiter Zeichenpredigten zur Weihnachtszeit:

□ *133 Kinderpredigten:* Christbaum (S. 24f), Stall/Lametta (S. 25f), Krippenfiguren (S. 26), Strohstern (S. 27) und drei »andere Ideen«.

Zeichenpredigt zu Neujahr

17. Scheibe für Scheibe – Blatt für Blatt

(ein Laib Brot und ein Abreißkalender)

Wenn meine Mutter ein solches Brot anschneidet, macht sie zuerst mit dem Messer ein großes Kreuz über das Brot. Vielleicht sagt sie innerlich auch dazu: »Im Namen des Vaters und des Sohnes und des Heiligen Geistes!« Du könntest fragen: »Warum macht sie das? Ein Kreuzzeichen läßt das Brot doch nicht besser schmecken!« Meine Mutter würde antworten: »Richtig, das Brot wird dadurch nicht anders, aber *ich* ändere mich: Ich sehe in dem Brot immer wieder ein Geschenk Gottes; ich nehme es nicht als selbstverständlich; ich danke ihm für das Brot!«

So wie ich jetzt vom Brot Scheibe für Scheibe abschneide (vielleicht werden auch Scheiben verteilt), kann ich auch vom neuen Jahr Tage »abschneiden«, indem ich Blatt für Blatt von diesem Kalender abreiße. Wäre es nicht gut, wenn wir es mit dem neuen Jahr wie mit dem Brot machen: Wir beginnen *jeden* Tag mit dem Kreuzzeichen (»Alles, was ich denke« – ein Kreuz mit dem Daumen der rechten Hand auf die Stirn –, »alles, was ich rede« – ein Kreuz auf den Mund –, »alles, was ich tue« – ein Kreuz auf das Herz – »für dich, guter Gott!«) und betrachten ihn als Geschenk Gottes, das nicht selbstverständlich ist und das wir dankbar annehmen. So laßt uns dieses Jahr und diesen Tag ganz bewußt beginnen »im Namen des Vaters . . .«

Lesung: Eph 5,20: Dankt Gott dem Vater jederzeit für alles im Namen unseres Herrn Jesus Christus. Ähnlich Kol 3,17.

□ Vgl. Hans Haas, »Prediger und Katechet« 1/1978, S. 92–94.

Andere Ideen

1. »Was uns Blumen sagen . . .« (dafür sorgen, daß wir im neuen Jahr aufblühen und auch anderen dazu verhelfen, s. u. Nr. 97.

2. Ein Wanderstab mit vielen Plaketten, s. u. Nr. 127.

3. Ein Wollknäuel, s. u. Nr. 121, »Andere Ideen«.

4. Ein neuer Kalender und fünf »andere Ideen« in *133 Kinderpredigten,* S. 32.

Zeichenpredigt am Fest Erscheinung des Herrn

18. Zeichen der Anbetung

(Weihrauchkörner)

Evangelium: Mt 2,1–12 (Die Weisen aus dem Morgenland).

Die Weisen legten Weihrauch, der aus den Harzen edler Hölzer gewonnen wird, vor das Kind. Es soll darauf hinweisen, daß Jesus Christus Gott ist, wie es im »Gotteslob« heißt: »Im Weihrauch stellten fromm sie dar, daß dieses Kind Gott selber war.«

Bei jeder Form der Meßfeier kann Weihrauch verwendet werden, heißt es heute im römischen Meßbuch. Es hat lange gedauert, bis in den Anfängen der Kirche Weihrauch im Gottesdienst seinen Platz hatte. Denn in den ersten Jahrhunderten der Verfolgung bedeutete das Weihrauchopfer vor dem Bild des römischen Kaisers Glaubensabfall. Weihrauch mit seinem wohlriechenden Duft gebührte nur Gott als Zeichen der Anbetung!

Während bei uns Weihrauch in der Liturgie nur noch selten gebraucht wird, wird in den Ostkirchen das Weihrauchfaß häufig und mit großer Liebe geschwenkt: Der gegenwärtige Herr soll verehrt werden. Das bedeutet es auch bei uns, wenn Altar, Kreuz, Evangelienbuch und die Gaben inzensiert (= beräuchert) werden. Bei der Gabenbereitung werden auch die Person des Priesters und alle Anwesenden inzensiert: Wie Brot und Wein, so soll unser ganzes Leben als Lobpreis vor Gottes Angesicht gebracht werden.

Manchmal hat Weihrauch auch noch die Bedeutung: Mein Gebet steige wie Weihrauch vor dir auf (Psalm 141,2; ähnlich Offb 5,8; 8,3), und wie Weihrauch von unten nach oben aufsteigt, so sollen auch wir im Gottesdienst unsere Herzen zu Gott erheben aus dem Gestrüpp der Gedanken und Sorgen, die uns gefangen halten.

□ Vgl. Bruno Kleinheyer, Heil erfahren in Zeichen, München 1980, S. 102–106; Balthasar Fischer, Von der Schale zum Kern, Freiburg 1979, S. 33–35; auch Dorothea Forstner, Die Welt der christlichen Symbole, Innsbruck [3]1976, und Manfred Lurker, Wörterbuch bibl. Bilder und Symbole, München [2]1978.

Andere Ideen

Sternsinger; die Geschenke der Magier: s. *133 Kinderpredigten*, S. 34–36.

Zeichenpredigten zur Fastnachtszeit

19. Verbindungen schaffen
(Geschenkbänder)

Rund 20–30 bunte Geschenkbänder sind am Altar befestigt. Sie sind unterschiedlich lang: 10, 15, 20 m und mehr, so daß die ausgerollten Bänder durch die ganze Kirche reichen.

Der Prediger ruft eine entsprechende Zahl Kinder auf, die die Bänder durch die ganze Kirche aufrollen.
Prediger: Ein buntes Bild! Haltet die Bänder mal ganz hoch! Mit jedem von euch bin ich verbunden. Es ist schön, miteinander verbunden zu sein! Gott hat uns doch für die Freude geschaffen!
Lesung: Jesus Sirach 30,21ff (Freude des Herzens ist Leben für den Menschen).
Durch sein buntes Gesicht kann auch der Karneval (Fasching, Fastnacht) schnell neue Kontakte und Verbindungen schaffen . . .
Wenn wir das Mahl Christi halten, dann feiern wir unsere Verbundenheit mit Christus, der euch auch im Priester begegnet, und untereinander.
Jesus sagt (Evangelium nach Joh 15): Wer mit mir verbunden bleibt, wie ich mit dem Vater verbunden bin, der wird mein Wort halten und in meiner Liebe bleiben. Dies sage ich euch, damit meine Freude in euch ist und eure Freude dadurch vollkommen wird.
Als Erinnerung an den Gottesdienst und die Verbundenheit mit Jesus und untereinander dürfen die Kinder sich am Schluß ein Stück Band abschneiden und mitnehmen.

□ Verkürzt nach Arbeitskreis St. Elisabeth, Neuß-Reuschenberg, vom 17. 2. 1980.

20. Ihr lieben Kirchenbänke
(eine Kirchenbank)

Evangelium: Mt 11,28 (Kommt alle zu mir, die ihr euch plagt . . .)
Dir, liebe Kirchenbank, wollte ich schon immer eine Predigt halten, in der ich dir danken möchte: Du bist meine treueste Zuhörerin, stets anwesend; du läßt dich nicht durch Bett, Sonntagsausflüge, Freundesbesuch, Regen und Sonnenschein abhalten; du bist regelmäßig da.
Ich lobe deine Stille und Aufmerksamkeit, du störst nicht durch Schwätzen. Du drehst dich nicht um, wenn andere zu spät kommen; du urteilst nicht über andere. Es ist mein

Herzenswunsch, daß du nie leer bleibst, sondern angefüllt bist mit Menschen, die nach Gottes Wort hungern und dürsten.

□ Stark verkürzt nach Charles Wagner, Pfarrer in Paris, vor einhundert Jahren aufgeschrieben, s. »Prediger und Katechet« 2/1974, S. 268f.

Folgende Gedanken passen noch dazu:
Du hast nicht protestiert, als dein Holz zur Bank zugerichtet wurde. Du hast dich zurechthobeln lassen, damit du für andere zur Hilfe wirst. Trage Sorge, daß kein Splint die Stellen gefährdet, auf die sich einer hinsetzen will. Du trägst jeden, ob er nun froh oder enttäuscht ist, voller Schuld oder fast heilig. Du findest die höchste Erfüllung darin, andere zu tragen, gebraucht zu werden. Du rufst unaufhörtlich: »Kommt doch alle zu mir, die ihr euch plagt . . .« Du freust dich, wenn sich auf dir die Menschen ausruhen. So bist du Christus ganz ähnlich geworden. Ob sich andere auch bei uns ausruhen können?

Andere Ideen

□ S. *133 Kinderpredigten:* Masken (S. 37), Kostüme (S. 37f) und zwei weitere Ideen S. 39; s. auch die nächste Predigt: »Die Masken fallen«.

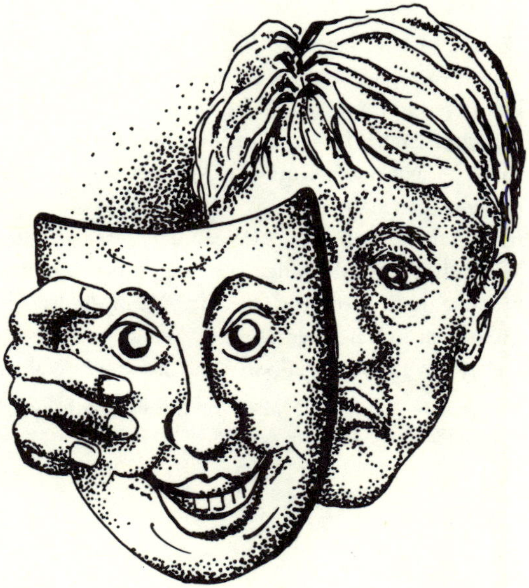

Zeichenpredigten zum Aschermittwoch

21. Die Masken fallen

(Maske, die später vor den Altar gelegt wird)

Flegelhaftigkeit, Großtuerei, Prahlsucht, lässiges Auftreten, Rockerkleidung, Kleidung, Haartracht, Handschrift: alles kann Maske sein. Ein Mädchen schreibt in einer Meditation:

Seit Jahren schon laufe ich mit einer Maske umher. Sie ist mein zweites Gesicht geworden. Ich habe gelernt, wie man es macht, die Schwächen zuzudecken und die Gefühle zu verbergen. Ich lächle verbindlich, aber mein Lachen ist nicht echt. Ich lege Sicherheit an den Tag, aber in Wirklichkeit spiele ich Theater. Ich tue so, als fiele mir alles in den Schoß, als irrte ich nie, als hätte ich weder Sehnsucht noch Heimweh. Warum bin ich nicht so, wie ich wirklich bin? Wenn ich allein und für mich bin, fällt die Maske vom Gesicht. Wenn dann einer käme und sagte: »Ich mag dich so, wie du bist, ich brauche dich!«

□ Gaby Wimmer, Düsseldorf; vgl. Kurt J. Bucher, Modelle für Schulgottesdienste, Luzern [2]1980, S. 45 oben und S. 49 Mitte.

Welche Maske trage ich? Was gebe ich vor zu sein – und was bin ich? Warum habe ich Angst, offen mit meinen Schwächen zu leben? Für Gott sind alle Masken durchsichtig. Der Pfarrer von Ars sagt: Ich bin nur das, was ich vor Gott bin, nicht mehr – und nicht weniger. Psalm 139 (. . . du durchschaust und kennst mich . . .).

In Jesus legt auch Gott alle Masken weg, die ihm Völker auf der Suche nach Gott umgehangen haben.

Evangelium: Joh 14,8.9 (Wer mich gesehen hat, hat den Vater gesehen).

Wenn du die Maske fallen läßt, sagt Gott: Ich mag dich so, wie du jetzt bist. Und – ich brauche dich. Genügt das nicht? Wenn du dich so annimmst, kannst du auch eher die Menschen hinter ihren Masken lieben.

Gebet des Franz von Assisi: . . . laß mich Wahrheit bringen, wo die Lüge herrscht.

□ Vgl. Kurt J. Bucher, Modelle für Schulgottesdienste, Luzern [2]1980, S. 44–52; s. auch »Prediger und Katechet« 2/1974, S. 216–18, oder *133 Kinderpredigten,* S. 37, »Legt eure Masken ab«.

22. Ohne Masken leben

(Maske, die später vor den Altar gelegt wird)

Evangelium: Mt 6,16–18 (Über das Fasten).
Können wir ohne Masken leben? Masken schützen uns doch: Sie verhindern, daß ich bloßgestellt werde; sie schützen die Stellen, an denen ich verwundbar bin; sie verdecken meine schwachen Stellen. Aber Masken können auch verstellen: Selbst das Fasten konnte zur Maske werden, um Frömmigkeit vorzutäuschen, wie wir im Evangelium hörten. Das Aschenkreuz auf unserer Stirn heute will sagen: Bedenke, daß alle deine Masken fallen, spätestens, wenn du stirbst. Alles zerbricht dann: die Maske des guten Rufs, des Reichtums, der angeblichen Frömmigkeit, der vorgetäuschten Selbstsicherheit.
Masken können also nicht wirkliche Hilfe sein: Nur das Erbarmen Jesu Christi kann erlösen. Wenn Jesus am Ende der Passionszeit verwundet und mit Dornen gekrönt vor Pilatus steht, dann ist dieser »Mensch ohne Maske« der, der uns Ostern als strahlender Sieger begegnet: Gott hat ihn nicht im Stich gelassen.

□ Vgl. Heinz-Josef Löckmann in »Prediger und Katechet« 2/1979, S. 231–33.

23. Der Staub ist nicht das Letzte

(Luftschlangen und sonstige Faschingsdekoration; Tulpenzwiebeln)

Beim Verbrennen der Luftschlangen geht der Prediger auf die Thematik des Tages ein: alles (Autos, Fernseher . . .), auch der Mensch zerfällt in Staub und Asche. Daran erinnert uns das Aschenkreuz.
Lesung: Psalm 90 (. . . du läßt die Menschen zurückkehren zum Staub . . .).
Damit ein Zeichen der Hoffnung, das auf Ostern deutet, den »traurigen« Gottesdienst abschließt (oder besser am 1. Fastensonntag!), bekommt jedes Kind eine Tulpenzwiebel, die es zu Hause eintopfen und ans Licht (nicht in zu großer Wärme) stellen soll. In der Zwiebel schläft ein Geheimnis: Ostern wird die Blume darin aufgeblüht sein. Dann bringt die aufgeblühten Blumen wieder mit und stellt sie um den Altar zum Zeichen der Freude, daß Jesus den Tod überwunden hat. Denn der Staub, der Tod, hat nicht das letzte Wort.

□ Franz Kett, Kinder erleben Gottesdienst, München 1978, S. 88–94, in einem ausformulierten Gottesdienst.

Andere Ideen

Siehe *133 Kinderpredigten:* Ein buntes Bild wird verbrannt (S. 39f); ein Palmzweig wird verbrannt (S. 40); faules Holz (S. 41) und drei weitere Ideen (S. 41).

Zeichenpredigten zur Fastenzeit

24. Der Weg in die Freiheit

(einige Kinder mit Stricken fesseln und später »befreien«)

Die an den Händen gefesselten Kinder äußern, wie sie sich jetzt fühlen (»wie ein Hund an der Kette«, »wie ein Vogel ohne Flügel« . . .). Könnt ihr mir Beispiele nennen, wo uns Ähnliches im Leben begegnen kann (sich in Lügen verstricken; ans Bett gefesselt sein . . .)?
Die Kinder werden von ihren Fesseln befreit und äußern wieder ihr Empfinden (»viel freier und ungebundener«).
Evangelium: Mt 18,18 (»Was ihr auf Erden bindet . . .«).
In der Buße erfahren wir die verzeihende Güte Gottes, der uns die Fesseln der Schuld abstreift. Buße heißt umkehren, nicht zuletzt im Sakrament der Buße, als heiliges Zeichen uns angeboten.
Zum Schluß können die Stricke zusammengeknüpft werden, und alle sind (einen Kreis bilden!) miteinander verbunden: Gemeinschaftscharakter der Buße, z. B. in der Bußfeier.

□ Vgl. Peter Gahn, im Rahmen einer Bußfeier, »Prediger und Katechet« 2/1978, S. 275–78; s. auch die andere Möglichkeit der Deutung eines Strickes: »Halt geben«, s. u. Nr. 35.

25. Jesus befreit

(Handschellen mit Schlüssel – auf der nächsten Polizeistation entleihen)

(Ein Junge wird gefesselt; alle hören das Zuschnappen der Handschellen.) Dieser Junge ist jetzt gefesselt. Ihr kennt das aus Krimis. Oft wird ein Täter an einen Polizeibeamten angeschlossen . . . Er kann dann nicht mehr tun, was er will – wie dieser Junge hier. Er ist eingeengt.
Es gibt auch unsichtbare Fesseln, die durch Versagen oder Schuld entstehen.
Auch Versagen und Schuld fesseln, lähmen, engen ein, lassen dich nicht los.
(Beispiele . . .)
Wer kann uns davon befreien? Wer hat den Schlüssel? Jesus kann von Schuld und Sünde lösen!
(Der Junge wird von der Handschelle befreit; hebt Hände und Arme in die Höhe; ruft vielleicht: »Ich bin frei!«) Im Sakrament der Buße vor allem spricht Gott uns durch den Priester frei: Wir können aufatmen! (Hubert Lerch, Maxdorf)

Evangelium: Joh 5,1–16 (Heilung am Teich Betesda); Joh 8,1–11 (Jesus und die Ehebrecherin).

26. Ostern erklettern: die Fastenleiter

(eine Leiter)

Was im Advent die vier Kerzen auf dem Adventskranz sind, könnten in der Fastenzeit die Sprossen der »Fastenleiter« sein, auf denen wir jeden Sonntag eine Stufe höher steigen müssen, um Ostern zu erreichen. Eine Möglichkeit, auch im Bewußtsein der Gottesdienstbesucher, Ostern höher zu schätzen. Auf S. 40 finden Sie Vorschläge für die drei Lesejahre.

Am Palmsonntag: Die Fastenleiter sollte entweder weggeräumt sein (auch der Adventskranz ist Weihnachten nicht mehr zu sehen), oder man befestigt nach der Palmprozession das geschmückte Vortragskreuz an der Leiterspitze. Die Leiter liegt dabei noch auf dem Boden, danach »Kreuzerhöhung«! Oder man schmückt die Leiterspitze schon vorher mit einem Christusbild und Zweigen (Blumenkränzen). Spätestens an diesem Sonntag paßt das Lied: Du bist die sichere Leiter, darauf man steigt zum Leben (GL 182,4)!

Eine weitere Möglichkeit: Einzelne Symbole des MISEREOR-Hungertuches nachbilden und nacheinander auf die Leiter heften! Vielleicht müßte man auch überlegen, ob es nicht besser ist, fünf besonders aussagestarke Symbole jedes Jahr wiederkehren zu lassen, wie es (weise?) Regel in der Liturgie des Kirchenjahres ist.

Eine Variante der Leiter: Statt Symbole heftet man jeden Sonntag höhere Schilder an mit den Themen des Gottesdienstes.

Weiterführende Möglichkeiten: Ideal-Ziel ist natürlich, das Symbol des Sonntags über die ganze Woche zu stellen, z. B. so:

a) Alle Kinder (und Erwachsenen) bekommen eine Karte oder ein Blatt mit aufgedrucktem Sonntags-Symbol und den Tagen der Woche (Fastenkalender); Karte oder Blatt ist mit Stecknadeln an die Wand oder mit Büroklammern an eine Leine zu heften!

b) Bei den Tagesspalten sind vorgedruckte Sätze der Hl. Schrift zu lesen oder/und Raum für eigene Eintragungen eines konkreten Vorsatzes und dessen Verwirklichung. Die Bußfeier vor Ostern kann hier anknüpfen: Optisch unterstützte Gewissenserforschung!

c) Man bittet eine Jugendgruppe oder einige Väter, einfache Holzleitern für alle Familien herzustellen (6 Sprossen) und läßt die nachgedruckten Symbole dort anheften!

□ Gerhard Dane, Köln, »Kindermeßbörse« Nr. 27.

Lese-jahr	Fasten-sonntag	Evangelium	Symbol auf der Leiter	Mögliche Themen der Meßfeier
A	I.	Versuchung Jesu (Mt 4,1–11)	Schlinge aus einem dicken Seil	Achtung! Fußangeln! (Versuchungen)
	II.	Verklärung Christi (Mt 17,1–9)	Fernrohr	Großartige Aussichten in Seine Zukunft
	III.	Jesus und die Samariterin (Joh 4,5–42)	Kanister mit Aufschrift »Trinkwasser«	Spür doch Erfrischung für unser Dürsten!
	IV.	Die Heilung des Blindgeborenen (Joh 9,1–41)	Starke Lampe (Scheinwerfer) und/oder Blindenstock oder -binde	Klare Sicht für dich und mich
	V.	Auferweckung des Lazarus (Joh 11,1–45)	Hölzernes Grabkreuz mit brennendem Licht (oder »durchkreuzt« von Strahlen)	Der Tod ist nicht mehr Endstation
B	I.	Versuchung Jesu (Mk 1,12–15)	Verkehrsschild: »Achtung Sackgasse« oder »Umleitung«	Mit dir auf klarem Kurs
	II.	Verklärung Christi (Mk 9,2–10)	Christus-Ikone	Unterwegs bleiben zu dir
	III.	Tempelreinigung (Joh 2,13–25)	Geißel aus Stricken	Mit dir kämpfen
	IV.	»So sehr hat Gott die Welt geliebt« (Joh 3,14–21)	Goldener Ring mit Stacheldrahtring (ineinander)	Mit dir lieben
	V.	»Wenn das Weizenkorn . . .« (Joh 12,20–33)	Erdsack oder Schale mit Keimen oder Samenbehälter mit Aufschrift	Mit dir ohne Angst sterben
C	I.	Versuchung Jesu (Lk 4,1–13)	Leerer alter Kochtopf	Für leere Mägen Töpfe füllen!
	II.	Verklärung Christi (Lk 9,28b–36)	Evangeliar	Auf ihn sollt ihr hören!
	III.	Gleichnis vom unfruchtbaren Feigenbaum (Lk 13,1–9)	Dürrer Ast oder leerer Obstpflücker	Welche Früchte bringen wir?
	IV.	Gleichnis vom barmherzigen Vater (Lk 15,1–3.11–32)	Rettungsring DLRG	Er rettet dich, er rettet mich
	V.	Jesus und die Ehebrecherin (Joh 8,1–11)	Dicke(r) Stein(e) im Netz	Er fängt die Steine ab (und uns auf)

27. Hungertücher

Bekannt und beliebt sind die von Misereor herausgegebenen Hungertücher (das indische, äthiopische, haitianische und mittelalterliche). Warum soll die Gemeinde nicht ein eigenes versuchen?
Im Mittelpunkt der Oberkörper Christi am Kreuz, hineinverworben aber in dieses Kreuz die Welt: Der Geschäftemacher, »Zeit ist Geld«, Geld in der Linken, auf seine Uhr schauend, und hinter ihm eine große Uhr, die fünf vor zwölf zeigt. Geld und Mensch haben auf dem Tuch die gleiche Farbe. Darunter Läufer auf dem Weg zum Ziel; einer stürzt zu früh, durch Pfeile als der Geschäftemacher identifiziert (»Du Tor, noch in dieser Nacht wird man dein Leben von dir fordern« [Lk 12,15ff]; vielleicht durch einen Herzinfarkt). Rechts oben ein Mensch, unter der Last des Wohlstandes gebeugt (auf seinem Rücken liegt ein großes Brett, auf dem Fernseher, Auto, Häuschen etc. gestapelt stehen), der sich mächtig dünkt und sich ohnmächtig niederbeugen muß, mit den Händen abgestützt auf dem Totenkopf derer (= 3. Welt), denen der Überfluß nicht zukommt.
In einem Kelch unter dem linken Arm des Angenagelten stehen jene, die mit dem Pharisäer sagen: »Gott, ich danke dir, daß ich nicht bin wie dieser da«, die den Glauben als eigenen Verdienst begreifen. Sie zeigen dabei auf einen in einer Flasche Eingeschlossenen (selbstgewählte Abhängigkeit: Alkohol, Droge . . .), darüber ein verzweifelt Dasitzender, der in seiner Einsamkeit verfinstert, vielleicht aber auch Gott um Gnade bittet. Darüber viele Köpfe (und Hände) derer, bei denen Gottes Wort aufgegangen ist und nicht auf Teppichböden vertrocknet, nicht überwuchert wird von den Statussymbolen des Wohlstandes.
Hungertücher in der Fastenzeit wollen sagen: In Jesus Christus hat sich Gott der verlorenen Welt zugewandt. Es genügt aber nicht, das nur zu feiern. Wir selber sollen uns in das verändernde Drängen der Liebe Gottes einbeziehen lassen. Jesus hat uns durch sein Leben und Leiden den Weg gewiesen.

□ Nach »Kirchenzeitung für das Erzbistum Köln« 11/1980, S. 9, mit einem Bild des beschriebenen Hungertuches. Einen eigenen Entwurf zu einem Hungertuch brachte schon W. Willms, Aus der Luft gegriffen, Kevelaer ^{2}1978, S. 53; in Abwandlung dargestellt in *Glaube trägt*, S. 115; s. auch ebenda S. 130f.

28. Sich formen und gebrauchen lassen
(ein Backstein)

Dieser Backstein war zuerst ein Klumpen Lehm, der so geformt wurde, daß er brauchbar ist: Länge und Höhe müssen stimmen, wenn er später im Bau richtig eingefügt werden soll. – So ist auch an uns die Kneterei im Elternhaus und in der Schule wichtig.

Wenn du dich jetzt nicht kritisieren und formen läßt, hast du später vielleicht Ecken, die in keinen Bau passen. Der geformte Lehmklumpen wird dann der großen Hitze des Brennofens ausgesetzt. Nur so wird er ein richtiger Stein, der in sich gefestigt ist. Auch wir Menschen müssen Augenblicke durchmachen, wo wir uns von der Liebe Gottes durchglüht wissen, um aus dem festen Glauben heraus leben zu können: Gott liebt mich! Wie sollten wir sonst im Spott und in den Belastungen der Umwelt als Christ bestehen können? Auch das Feuer der Klassenarbeiten und Klausuren, der Krankheiten und des Liebeskummers ist nötig, um uns abzuhärten.
Jetzt kann der Backstein gebraucht werden für den Bau des Hauses zusammen mit vielen anderen Steinen. Wir Christen sind für andere da, und miteinander sind wir wie lebendige Steine im Bau der Kirche. Der Mörtel (= die Liebe) hält uns zusammen; Wasserwaage (= Evangelium) und Lot (= Ordnung Gottes) helfen, damit ein Haus entsteht, in dem sich auch andere wohlfühlen.
Es kommt nicht darauf an, daß wir an einer schönen und sichtbaren Stelle eingebaut sind. Entscheidend ist, daß wir dort, wo wir eingesetzt sind, unsere Aufgabe erfüllen.

☐ Vgl. Gerhard Bruns, Vom Backstein habe ich's gelernt, in: Start frei – zu einem sinnvollen Leben, Gießen [2]1978, S. 30–35.

Lesung: 1 Petr 2,4–8 (Lebendige Steine im geistigen Bau sein)
Evangelium: Joh 15,1–5 (Verbindung mit Jesus halten); Mt 21,42 (Jesus als der Eckstein); Mt 25,14–17. 19–23 (mit seinen Talenten = Fähigkeiten arbeiten); Mt 25,25–30 (Verurteilung des »unnützen Backsteins, der im Straßengraben lag«).

29. Wir können uns ändern
(ein Rutenbündel und ein Messer)

(Neben verschieden starken Ruten sollte auch eine darunter sein, die auf keinen Fall von einem Kind zerbrochen werden kann.) Dieses Rutenbündel hier ist fest zusammengebunden und *so* nicht durchzubrechen . . . Nun löse ich die Schnur und knicke jede Rute einzeln. Bei den dünnen Stäben braucht man kaum Kraft, bei den dicken fällt es schwerer. Stellt euch vor: Diese Stäbe sind Fehler der Menschen! Da gibt es auch dicke und schwere, leichte und nicht so wichtige. Von heute auf morgen kann sich keiner von uns völlig ändern – genauso wenig, wie dieses Rutenbündel auf einmal durchzubrechen war. Aber nun können wir die Fehler einzeln beseitigen, die leichten und auch die schwierigen in Angriff nehmen. Und was machen wir mit dem besonders dicken Zweig hier, den selbst ich nicht einmal durchbrechen kann?
(Erarbeiten: mit einem Messer Stücke abschnitzen oder Kerben einschneiden. Ein älteres Kind darf ruhig den Versuch wagen!) Kerben einschneiden heißt bei grober Un-

pünktlichkeit z. B.: bewußt immer fünf Minuten eher zur Stelle sein; schlechte Leistungen in der Schule: gewissenhaft alle Hausaufgaben machen.
Gegen schwere Fehler wie Wut, Neid, Gleichgültigkeit ... setzt Paulus folgende Kerben (Lesung Gal 5,16–23): Freundlichkeit, Geduld, Güte, Frieden schließen ... Vor Paulus rief uns Johannes d. T. zu (Evangelium Lk 3,10–14): Teilen, Gerechtigkeit. Jesus will uns froher und freier machen. Wer das erkennt, bemüht sich auch, alle Stäbe durchzubrechen, die uns auf dem Weg zu Ihm behindern.

□ Stark verkürzt nach Klemens Nodewald in »Gottesdienste mit Kindern und Jugendlichen«, 12/1980.

30. An ihren Früchten werdet ihr sie erkennen
(verschiedene Zweige – verschiedene Früchte)

Evangelium: Mt 7,15–20 (Bringt gute Früchte!).
Jetzt bin ich gespannt, ob ihr sagen könnt, von welchem Baum oder Strauch diese Zweige stammen ... So einfach ist es nicht. Aber wenn ich euch diese Früchte zeige, könnt ihr sie schneller an die richtigen Zweige hängen: an den Früchten könnt ihr die Zweige erkennen.
Auf die Menschen übertragen heißt das: Jeder von uns hat besondere Gaben und Talente. Wichtig ist, daß wir Früchte bringen, die der Welt weiterhelfen. Gefärbtes, Vergiftetes, Faules läßt uns darauf schließen: Hände weg, da will uns einer nichts Gutes. Überall, wo andere sich über uns freuen, bringen wir gute Früchte. Johannes sagt dazu (15,8): Dadurch verherrlicht ihr den Vater im Himmel. Gott selbst hilft uns, viele gute Früchte zu bringen. Jesus sagt (Joh 15,2): Reben ohne Frucht werden abgeschnitten; die guten Reben aber gereinigt, damit sie noch mehr und bessere Frucht bringen können.

□ Gekürzt nach Klemens Nodewald, Von Gottes Wort geleitet, Limburg 1977, S. 55–60.

31. Ein Fest der Freude
(ein Groschen)

Evangelium: Lk 15,1.2.8–10 (Gleichnis von der verlorenen Drachme = Groschen).
Wenn ihr ganz leise seid, könnt ihr hören, was dieser Groschen hier erzählen will. (Abwartende Stille)
»Also, ich versteh' den Aufwand nicht. Ich lag auf dem Tisch. Als ich herunterfiel, hätte ich auch da gleich liegen bleiben können. Aber ich rollte weiter bis unter den Schrank, keiner konnte mich mehr sehen. Dann fing die Sucherei nach mir an ... Und als ich gefunden wurde: komisch, keine Moralpredigt, ich solle doch nächstens besser aufpas-

sen und nicht so weit wegrollen, keine Ermahnungen, nur Freude. Ein Fest um meinetwillen, der ich doch so wenig wert bin! Aber mitten in dem Fest wurde ich von der Freude gepackt. Ich werde gebraucht, dachte ich. Die freuen sich, mich wiedergefunden zu haben. In dieser Freude habe ich mir fest vorgenommen: du läufst nicht mehr so weit fort. Die Freude war mir eine große Hilfe; da habe ich etwas Wichtiges erfahren.«
Ich bin der Groschen, du bist wie so ein Groschen. Gott sucht uns, er braucht uns, er will uns wiederfinden. Er lädt uns ein zu seinem Fest der Freude. Sollen wir aus der Freude darüber nicht jetzt schon ein kleines Fest feiern? Denn Freude hilft weiter als Worte und Vorsätze. Das zu verstehen, dauert manchmal lange. Hoffentlich »fällt der Groschen« bei uns allen, wie der Volksmund sagt.

□ Vgl. Gerhard Bruns, Start frei – zu einem sinnvollen Leben, Gießen [2]1978, S. 41–44.

32. Die Waage stimmt nicht (Misereor)

(eine 2 m hohe Waage: Waschschüsseln als Waagschalen, Stange als Waagbalken, befestigt an einem Haken; dazu verschiedenes Spielzeug, Süßigkeiten; Sparkästchen für jedes Kind; ein Plakat mit hungerndem Kind und eins mit lachendem mit viel Spielzeug)

Eine der leeren Waagschalen gehört euch hier. Ich fülle sie mit all den Dingen, die wir täglich wie selbstverständlich gebrauchen . . ., bis die Schale voll ist. (Darüber Werbeplakat mit lachendem Kind anbringen.)
Die andere Waagschale gehört Kindern in Südamerika oder . . . (Darüber das Plakat mit dem hungernden Kind heften.)
Jetzt kann ein Brief aus der Patengemeinde vorgelesen werden oder eine Geschichte, die die Situation in der 3. Welt genauer schildert. – Wie können wir helfen?
Alle Kinder, die helfen wollen, erhalten eine Spardose (mit Bildern und Texten der Adveniat-, Misereor-, »Brot für die Welt«-Aktion).
Evangelium: Mt 25,31.34–36.40 (Ich war hungrig . . .).
Nach ca. vier Wochen wird die Waage wieder aufgestellt: Die Kinder legen die Opferkästchen in die leere Schale.

□ Vgl. die gleichnamige Bußfeier in J. Finkenzeller / J. Binder, Bußfeier mit Kindern und Jugendlichen, Luzern 1975, S. 13–19; weitere Ideen zu Misereor siehe u. »Andere Ideen« Nr. 9 und 10.

33. Gerecht teilen

(ein Brot und ein Messer)

Wir brauchen Brot, um leben zu können. – Da zwei von drei Menschen hungern, muß ich teilen. Wo soll ich es teilen? (Der Prediger setzt das Messer fragend an verschiedenen Stellen an.) Zwei Grundsätze sollen wir dabei beachten: gerechter verteilen, und: Wer schenkt, wird beschenkt. Dazu eine Geschichte:

Ein reicher Mann kam zum Sterben. Er erwachte im Paradies. Eine reichgedeckte Tafel verhieß wahrhaft himmlische Freuden. Er fragte nach der Bedingung zum köstlichen Genuß. Alles kostet nur eine Mark, das war die Antwort. Da dachte der Mann an seinen großen Reichtum und freute sich von Herzen. Doch als er bezahlen wollte, schüttelte man den Kopf: Du hast in deinem Erdenleben wenig gelernt. Bei uns gilt nur das Geld, das du auf Erden verschenkt hast.

Evangelium: Lk 16,19–31 (Lazarus und der Reiche); Lk 12,33f (Sammelt Reichtümer bei Gott).

34. Die goldenen Kälber heute

(Auto, Fernseher, Kühlschrank, Sparbücher, Fußball . . . sind im Chor aufgebaut)

Spiel: Ankunft des Mose und sein Zorn. Zuhörer protestieren: Die goldenen Kälber von heute sind unentbehrlich. Mose gibt sich zufrieden mit dem Versprechen, alles richtig zu gebrauchen und nicht zu vergötzen.

Lesung: 1 Kor 7,29–31 (Auf die kommende Welt hinleben); 2 Kor 6,8b–10 (Wir haben nichts und haben doch alles).

□ Franz Kohlschein in »Gottesdienst« 18–19/1979, S. 139.

35. Halt geben

Für Erwachsene

(ein Strick – möglichst dazu: ein junger Baum und ein Pfahl)

So ein Strick kann mit einem Gesetz oder Gebot verglichen werden: Ein Gesetz will mir helfen, etwas Wichtiges einzuhalten; ohne diese Bindung könnte ich leicht haltlos werden.

Wie ein junger Baum an einen Pfahl gebunden wird, so brauchen wir alle einen Halt durch manche Verordnungen, um bei einem (Lebens-) Sturm nicht wegzuknicken.

Dieser Strick darf aber nicht zur Fessel werden, meine Freiheit knebeln. Ich brauche etwas Spielraum, um selbst Erfahrungen zu sammeln, bis ich die Richtigkeit eines Ver-

botes mit allen Fasern bejahe. So dürfen Eltern ihre Kinder nie ganz festbinden wollen, sonst werden sie gehemmt, gedrosselt, unglücklich, getötet.
Ist der Stamm schließlich kräftig genug, wird der Strick überflüssig. Und wer verstanden hat, was Liebe heißt – sie erfüllt sich erst, wenn ich für andere da bin –, braucht keine Gesetze und Gebote.
Evangelium: Mt 16,18–19 (Was du auf Erden binden wirst . . .).
Auch die Kirche bindet uns mit Vorschriften, die allerdings gerecht und von der Liebe diktiert sein müssen, die sich an Gott und am Leben orientieren sollen. Wenn auch die kirchliche Macht gelegentlich mißbraucht wird (vgl. Mt 23,4), dürfen wir die Notwendigkeit allen Bindens und Lösens nicht übersehen.

□ Vgl. auch die Dia-Meditation Nr. 8, Binden und lösen, von Elmar Gruber, Impuls Studio, München; s. auch die andere Möglichkeit der Deutung eines Strickes: »Der Weg in die Freiheit«, s. o. Nr. 24.

36. Abschleppseile Gottes
(ein Abschleppseil)

Mehr für Jugendliche und Erwachsene

Mit solch einem Seil kann ich einen liegengebliebenen PKW abschleppen oder ihn aus dem Morast auf feste Straße ziehen. Die Liebe und das Verständnis Jesu sind wie das Abschleppseil: Er hat nicht nur einzelnen, die vom Wege abgekommen waren, wieder festen Grund unter die Füße gegeben (Zachäus, Mattäus, Ehebrecherin etc.), er hat durch seinen Tod am Kreuz alle Menschen »aus dem Morast« der Sünde, der Angst, des Todes gerettet.
Weil wir so sehr geliebt sind, sollen wir diese Liebe weitergeben. So haben sich auch alle Heiligen in ihrer Liebe als Abschleppseile Gottes gefühlt: Don Bosco z. B., der verwahrloste Kinder und Jugendliche aus Kellern und Gossen holte, um ihnen ein neues Zuhause zu geben. Oder Vincenz Pallotti, der Apostel Roms vor mehr als hundert Jahren im Kampf gegen Epidemien, soziale Verwahrlosung und religiöse Oberflächlichkeit: Sein tatkräftiges Christentum überzeugte und wirkt in den Pallottinern bis heute. Oder Franziska Schervier in Aachen, die vor rund 100 Jahren ihr ganzes Leben für andere einsetzte. Sie holte sich z. B. die Erlaubnis, die letzte Nacht den zum Tode Verurteilten beistehen und sie bis unter den Galgen begleiten zu dürfen.
Auch in unseren Tagen gibt es solche Abschleppseile Gottes. Z. B. die unermüdliche Suche des Abbé Pierre in Paris, der die Clochards aus den U-Bahn-Schächten holt und ihnen wieder ein menschenwürdiges Zuhause ermöglicht.
Überall brauchen wir heute Abschleppseile Gottes. Ob unsere Liebe stark genug ist, andere in den Schlepp zu nehmen? Ob die Kirche eine Werkstatt für alle Liegengebliebenen ist – allzeit bereit?
Evangelium: z. B. Lk 7,36–50 (Jesu Verständnis beim Pharisäer Simon).

37. Das gute Gewissen
(ein Kopfkissen)

Ich habe euch ein Kopfkissen mitgebracht. Wenn ich müde bin, lege ich meinen Kopf darauf. Dann ruhe ich aus. Ich kann mich ganz entspannen. Manchmal, wenn ich sehr traurig bin und im Bett ein bißchen weine, nimmt das Kopfkissen auch meine Tränen auf. Das Kopfkissen ist weich und wohlig. Ein Sprichwort sagt: Ein gutes Gewissen ist ein sanftes Ruhekissen. Wer ein gutes Gewissen hat, kann sich entspannen, loslassen, erholen. Die Tränen werden aufgefangen.

Evangelium: Mt 11,28: Kommt alle zu mir, die ihr mühselig und beladen seid, ich will euch erquicken.

Weil Jesus uns unser Versagen verzeiht, können wir bei ihm ausruhen. Er gibt uns ein gutes Gewissen. (Gerhard Dane, Köln)

38. Die zehn Gebote als Hilfen
(eine Wasserboje oder ein Begrenzungspfahl)

Lesung: Ex 20,1–3. 7–8. 12–17 (10 Gebote).

Hinweis: Vor der Lesung bitte ausdrücklich darauf hinweisen, daß der Prediger nachher den Inhalt der 10 Gebote von den Zuhörern erfahren möchte. Es ist auch gut, beim Vorlesen durch die Finger das 1., 2., 3. . . . anzuzeigen. Beim »Abfragen« der 10 Gebote darf sich jedes Kind, das ein Gebot annähernd richtig wiedergeben kann, in den Mittelgang stellen. Die Kinder sollen schließlich so im Mittelgang stehen, daß der Prediger folgendes sagen kann:

Stellt euch vor, dieser Mittelgang ist ein großer, reißender Fluß. Und diese zehn Kinder hier sind die Bojen, die einem Schiff andeuten: Halt! Hier darfst du nicht fahren, hier ist ein gefährlicher Fels direkt unter der Wasseroberfläche. – Vorsicht! Hinter dieser Klippe hat sich eine Sandbank angesammelt! Wenn du hier herfährst, mußt du damit rechnen, daß du strandest oder steckenbleibst. – Warnung! Hier ist ein gefährlicher Strudel, der dich aus der Fahrrinne werfen kann . . . (Oder der Vergleich mit den Begrenzungspfählen an Straßen).

Verstehst du, was ich sagen will? Die zehn Gebote wollen keine Zwangsjacke sein, dich nicht einengen. Sie möchten dir eine Hilfe sein, das Ziel (des Lebens) sicher zu erreichen. Nur wer oberflächlich hinschaut, kann sagen: »Da fühle ich mich aber in meiner Freiheit eingeengt.« Dazu eine Fabel:

An einem Fischteich stand folgende Tafel: »Achtung! Lebensgefährlich! Es ist den Fischen verboten, auf das Trockene zu springen!« Da sagte ein Fisch: »Das ist eine Gemeinheit! Warum soll ich nicht einmal einen Tag aus dem Wasser heraus?«

So beneiden manche oft andere Menschen und denken: Könnte ich doch auch einmal Gott wie Luft behandeln, so frech stehlen, so gewissenlos lügen, einfach mit einer anderen Frau zusammengehen ... Aber das ist ein oberflächlicher Blick! Ob diejenigen, die das tun, *auf die Dauer* wirklich glücklicher und zufriedener geworden sind? Die zehn Gebote sind wohlgemeinte Empfehlungen eines guten Freundes. Es sind Angebote, das Leben richtig zu meistern. Glücklich der Mensch, der sich nach ihnen ausrichtet. Die Fastenzeit ist eine Chance, uns eindeutiger an ihnen zu orientieren. Weil die ersten drei Gebote Anweisungen für das Verhältnis zu Gott sind, sollen diese drei Kinder während der Eucharistiefeier hinter dem Altar mit brennenden Kerzen in den Händen stehen. Das vierte bis zehnte Gebot regelt das Verhältnis zum Mitmenschen. Daher sollen die übrigen sieben Kinder nachher die üblichen Dienste übernehmen wie: Gaben zum Altar bringen, die Kollekte einholen, Fastenbildchen austeilen.

Fürbitten

Pr.: Vater im Himmel! Höre uns an:

1.: Schenke den Lenkern der Staaten Vertrauen zu dir und deinen Geboten, die uns verläßlich sagen, was richtig und was falsch ist.

2.: Gib, daß gerade die Mitglieder der Kirchen dich und die Mitmenschen von ganzem Herzen lieben.

3.: Laß auch unsere Nächstenliebe zum Gottesdienst werden.

Pr.: Ja, Vater, du willst, daß wir mit unserer Freiheit verantwortungsvoll umgehen. Wenn wir in allem Jesus nachfolgen, dann finden wir ganz bestimmt zu dir, unserem Schöpfer und Herrn, der du ...

□ Zuerst veröffentlicht in »Prediger und Katechet« 2/1979. – Weitere Zeichenpredigten zu den zehn Geboten s. *133 Kinderpredigten*, S. 95f: Bergschuhe, Leitplanke.

Weitere Anregung: Im Judentum gibt es die Bildrede vom »Zaun des Gesetzes«. Damit ist gemeint: Das Gesetz steckt einen äußeren Rahmen ab, innerhalb dessen sich Liebe, Hilfe und Barmherzigkeit entfalten können. (Vielleicht leiht man sich deshalb ein Bündel Zaunpfähle aus und versucht von hierher einen neuen Ansatz.)

39. Nicht ablenken lassen
(ein Motorradhelm)

Er gibt Sicherheit bei rasender Fahrt und Schutz des Kopfes bei einem Unfall, engt aber auch den Blick ein, damit wir auf unserer Rennstrecke nicht vom Wesentlichen abgelenkt werden. Wie der Sportler manchmal die Schmalspur zum Sieg gehen muß und sich nicht von Zuschauern und Reklame ... ablenken lassen darf, so auch wir in der Nachfolge Christi. (H. J. Wiemers, Düsseldorf)

Evangelium: Mt 7,13–14 (Von zwei Wegen); Lk 9,23–25 (Nachfolge); Hauptgebot.

40. Die Saat soll aufgehen

(ein Eimer mit und einer ohne Löcher; Gefäß mit Wasser)

Mit einem Eimer, in dessen Boden große Löcher sind, versucht ein Kind, Wasser von einem Gefäß in ein anderes zu füllen. Es gelingt kaum. Ein Beispiel für etliche, die sonntags zwar zur Kirche gehen, wenn sie aber zu Hause angekommen sind, ist wieder alles vergessen. Wir müssen erst die Löcher (= Unaufmerksamkeit, Hetze, mangelnde Vorbereitung auf den Gottesdienst) im Eimer stopfen: Der andere Eimer hält das Wasser. (Heinz Albert Raem, Opladen)
Evangelium: Mt 13,1–9 (Gleichnis vom Sämann).

41. Ein Baum ist wie ein Mensch

(ein Lebensbaum; vielleicht für jeden einen?)

Es kommt immer mehr in Mode, solche Lebensbäumchen zu pflanzen. So ein Baum ist mit dem Menschen vergleichbar: Es ist wichtig, wo er aufwächst. Ist genügend Sonne (= Liebe) da? Hat er genug Platz? Hat er einen Stützpfahl gegen den Sturm (= Freunde, Helfer in Schwierigkeiten)? Einen Drahtmantel gegen die Nagetiere (= Schutz gegen die geheimen Miterzieher . . .)? Die kleinsten Verletzungen haben bei einem jungen Bäumchen große Wirkung: Jetzt nur ein Ästchen abbrechen, kann große Gefahr bringen; jetzt einen Ball dagegen schießen, kann Risse in der Rinde herbeiführen, die es eingehen lassen. Andererseits ist es jetzt aber biegsam und formbar.
Wichtig sind die Wurzeln, die den Stamm in schweren Stürmen halten: Der Baum wächst, er blüht, er stirbt, er verfault – wie der Mensch.
Hermann Hesse in »Wanderung«, Frankfurt 1975, S. 67–70: Wenn ein Baum umgesägt wird und »er seine nackte Todeswunde der Sonne zeigt«, kann man seinen Kampf, sein Leid, seine Krankheit, die schmalen und üppigen Jahre an den Jahresringen ablesen. – Bäume sind »Heiligtümer«. Wer ihnen zuzuhören versteht, der erfährt Wahrheit. – Der Baum spricht: Ich weiß nichts von den tausend Kindern, die in jedem Jahr aus mir entstehen. Ich vertraue, daß Gott in mir ist und daß meine Aufgabe heilig ist.
Lesung: Gen 1,29 (Ich übergebe euch alle Bäume mit samenhaltigen Früchten); Ri 9,8–15 (Die Fabel vom König der Bäume); Ps 1,3 (Der Gerechte ist wie ein Baum, der an Wasserbächen gepflanzt wurde); Ez 17 (Ein Reis aus der Spitze des Baumes bringt neue Frucht); Offb 8,7 (Es verbrannte ein Drittel der Bäume); Offb 22,2 (Der Baum des Lebens, vgl. auch Gen 2,17).
Evangelium: Mt 3,10 (Bäume ohne gute Früchte werden abgehauen); Mt 7,17–20 (Jeder gute Baum bringt gute Früchte hervor); Mt 13,31–32 (Gleichnis vom Senfkorn).

□ Siehe Krenzer/Pokrandt/Rogge, Kurze Geschichten, Lahr/München 1975, S. 219–22; außerdem eine Bußfeier zu »Holz« in *Wir freuen uns auf die Predigt,* S. 99–103; Gedanken zu »faulem Holz« in *133 Kinderpredigten,* S. 41.

42. Menschen sind wie Bäume – Meditation

(Bild eines Baumes oder: Die Augen schließen)

Bei Wanderungen durch den Wald vergleiche ich oft die Bäume mit Menschen:
Wie viele sind stark und fest verwurzelt.
Doch auch die, die nur noch eine Seitenwurzel haben, grünen noch; wie zäh klammern sie sich ans Leben!
Geknickte Bäume von Wind und Sturm.
Ich sah eine mächtige Birke, fast entwurzelt; sie wurde von zwei schmächtigen Buchen gestützt, in deren Gabeln sie sich gelegt hatte, und sie grünte weiter.
Bäume, die am lebenden Stamm schon über und über mit Pilzen bedeckt sind.
Bäume, die innen ganz hohl sind, nach außen aber noch tadellos aussehen.
Bäume, die vom Sturm ganz schief, ganz in eine Richtung gedrängt wurden.
Mächtige Buchen, aus deren Stämmen bis zu zehn weitere Stämme herauswachsen.
Alte Linden, mit Drähten und Eisenbolzen gehalten.
Bäume, die sehr früh ihr Laub, ihren Schmuck abwerfen.
Bäume, die einsam stehen, stark und widerstandsfähig.
Bäume, die nur im Wald leben können: dicke, dünne, krumme, kerzengrade, gedrehte.
Bäume, deren Rinde aufgeplatzt oder weggefault ist.
Bäume mit Wunden, die schwer vernarben. (Heute sägt man Faulstellen aus Bäumen einfach heraus, bestreicht das Holz mit gewissen Mitteln, und die Rinde wächst nach vielen Jahren wieder drüber.)
Es gibt sehr biegsame, aber auch sehr starre Bäume.
Manche haben äußere Verwachsungen am Stamm (sehen aus wie »Pestbeulen«) oder in den Zweigen (sehen aus wie Nester).
Bäume können auch Schirm sein, und du kannst bei Unwettern lange trocken und sicher sein.
Und über all diesen Bäumen (= Menschen) geht Gottes Sonne auf und unter . . . (Rudi Rölleke, Düsseldorf)
Weiterführend: *Lesung:* Ri 9,8–15 (Der Streit der Bäume).
Evangelium: Mt 7,15–20 (Der Baum und seine Früchte); Mt 21,18–22 (Jesus und der Feigenbaum); Lk 13,6–9 (Der unfruchtbare Feigenbaum und der gute Gärtner).

□ Siehe auch: Jeder Mensch ist wie eine Blume, s. u. Nr. 98.

43. Stolz – Demut – Dienen

(eine Teekanne ohne Henkel, Deckel und Ausgußtülle)

Wenn ihr ganz leise seid, könnt ihr hören, was diese Teekanne euch sagen will: »Ja, ich war einmal viel schöner: hatte einen breiten Henkel, einen kunstvoll verzierten Deckel und eine lang geschwungene Tülle. Ich war sehr stolz darauf. Die Tülle machte mich zur Königin über die Tassen, das Sahnekännchen, die Zuckerdose und das ganze Geschirr; denn ich allein war doch die Gebende, die Herrschende; ich verbreitete den Segen unter alle, die Durst hatten. Ich ließ sie es auch spüren. Das gebe ich gerne zu.
Dann kam das Unglück. Eine feine Hand ließ mich versehentlich fallen. Da lag ich nun halb ohnmächtig: die Tülle war abgebrochen, der Henkel und der Deckel waren zersprungen! Ich höre jetzt noch, wie die Teller und Tassen über *mich* lachten, nicht über die ungeschickte Hand.
Ich wurde in die Ecke, unter's Gerümpel, gestellt. Was sollte man auch mit einem Invaliden! Da stand ich nun nutzlos herum, bis ich schließlich einer bettelnden Frau geschenkt wurde. Jetzt bin ich ganz heruntergekommen, dachte ich, so mitten in der Armut. Aber im tiefsten Elend, als ich mir ganz klein vorkam, begann mein besseres Leben: Die Frau füllte mich mit schwarzer Blumenerde. Dann legte sie eine Blumenzwiebel hinein, die lange in mir lag. Dann wurde aus dieser Blumenzwiebel mein neues Herz, mein lebendes Herz – nicht mehr ein stolzes aus Stein. Die Zwiebel trieb Keime, eine ungeheure Macht war in mir, bis eine Blüte hervorbrach, so schön, so herrlich: wenn ich sie ansah, vergaß ich mich selbst. Und alle, die die Blume bewunderten, sahen nicht auf mich; aber ich war froh und zufrieden, sie tragen zu dürfen. Da wußte ich: Gesegnet ist, wer sich selber in anderen vergißt. – Das wollte ich euch sagen!«

□ Nach einem Märchen von Hans Christian Andersen, Die Teekanne, gekürzt und das Ende geändert, in: D. Steinwede, Das Hemd des Glücklichen, Gütersloh 1976, S. 57f.

Gesegnet ist, wer sich selber in anderen vergißt. Oder: Am reichsten ist, wer viel gibt. Bei solchen Sätzen zielen wir in die Mitte der christlichen Botschaft, denn Christus selbst gab sich hin für andere.
Evangelium: Joh 15,9–14.16.17 (Die Freunde Jesu . . . Liebt einander!).

44. Das Ohr ist *ein* Weg zum Herzen
(eine Antenne)

Ein Satellit im Weltall kann noch so imposant sein: wenn seine Antennen plötzlich ausfallen oder abbrechen, ist er nicht mehr ansprechbar. Er bewegt sich willenlos im Kraftfeld der Gestirne.
Uns Menschen kann es ähnlich ergehen. Eigentlich sind wir noch phantastischer als Satelliten durchkonstruiert, wir sind ja die denkenden Wesen, die Satelliten erfinden können. Aber ohne Antennen sind wir nicht empfänglich für den ständigen Ruf unseres Senders (= Gott), der uns in die endgültige Bahn bringen will. Mit der Bibel gesprochen: Unsere Ohren sind verstopft, da ist fast ein Wunder nötig, um sie für Gott zu öffnen. Ob es uns in dieser Fastenzeit gelingt, die verstopften Gehörgänge wieder freizumachen? Verstopft durch Floskeln, Lügen, Allgemeinplätze, Vorurteile und religiöse Sprüche. Und wie wichtig wäre dies, denn das Ohr ist *ein* Weg zum Herzen.

□ Vgl. W. Willms, Der geerdete Himmel, Kevelaer [4]1979, 5.5. Nach Peter Bucher in »Image«, 6. Jg., Nr. 9, S. 3.

Evangelium: Mk 7,31–37 (Heilung eines Taubstummen).

Andere Ideen

1. *Aus einem Lattenzaun* (= was uns von Gott und untereinander trennt), bestehend aus sechs Latten, auf denen negative Begriffe stehen (bequem, stur, unbeherrscht, lieblos . . .), wird Sonntag für Sonntag eine Latte herausgerissen. Die Lücken werden mit Papierblumen geschmückt: Gott reicht uns immer die Hand zur Versöhnung: Lk 15,11–24 (Gleichnis vom barmherzigen Vater). Wir reichen sie auch – als Antwort. Übrig bleiben schließlich eine Latte und eine Querlatte = ein Kreuz, das Ostern geschmückt wird als Zeichen der Erlösung.

□ Karl Theo Gabriel / Rainer Gille, ausformulierter Gottesdienst in »Gottesdienste mit Kindern und Jugendlichen«, 2/1978.

2. *Sechs Brückenpfeiler aus Pappkarton* wurden nach oben offen gebaut, damit die Kinder ihr Fastenopfer hineinlegen können. Die einzelnen Pfeiler sind mit etwa 1 m langen Pappstreifen verbunden, auf denen folgende fünf Aufforderungen stehen: mutig werden – mutig machen; wach werden – wach machen; stark werden – stark machen; offen werden – offen machen; geduldig werden – geduldig machen! (Karl Theo Gabriel, Köln)

3. *Klotz am Bein.* Einem Kind ist ein großer Klotz aus Styropor ans Bein gebunden, der es beim Gehen stark behindert. Welche Klötze am Bein hindern uns? Jesus will den

Klotz lösen – wir sollen die Klötze lösen! – Daraus läßt sich eine ganze Bußfeier zimmern! Am Ende die Klötze verbrennen! (Hildegard Aengenheyster, Schwalmtal)

4. *Ein Wegweiser.* Wenn ich mich verirrt habe, bin ich froh, so einen Wegweiser zu entdecken. Jetzt habe ich Klarheit, in welche Richtung ich weitergehen muß. So bekommen wir zum Beginn der Fastenzeit ein paar Wegweiser-Angebote: »Nicht nur vom Brot lebt der Mensch ...«, »den Herrn, deinen Gott, sollst du anbeten und ihm allein dienen ...«
Evangelium: Mt 4,1–11 (Die Versuchung Jesu).

5. *Verschiedene Judogürtel* hängen aus. Die Kinder erklären die Bedingungen für den Erwerb. So müssen auch wir Bedingungen erfüllen, um zu Christus zu gehören. Eine Vorbedingung ist z. B., im Nächsten Christus zu dienen.

□ Pfeil/Bouwmans, Neuss, in »Kindermeßbörse« Nr. 34.

6. *Ein beschädigter Schirm.* Wo dieser Schirm zerfetzt ist, werde ich beim nächsten Regen naß, wenn ich ihn nicht repariere. Jetzt ist die Zeit, unser Gewissen zu reparieren (womit?), unsere Worte und Taten zu überprüfen ... (Heinz Albert Raem, Opladen)

7. *Ein Stehaufmännchen:* Nicht unterkriegen lassen!
Evangelium: Joh 21,15–17 (Weide meine Schafe): Jesus ließ Petrus totz des Verrates wieder »aufstehen«.

□ Siehe *Anschauliche Predigten,* S. 71f.

8. *Ähnlich: Das Jonathan-Stehaufmännchen,* das am Boden liegt, weil alles Mögliche in Symbolen darübergelegt wurde, was am Aufstehen hindern kann: ein Zeugnis, eine Flasche Alkohol ... Kinder nehmen diese Symbole fort, bis Jonathan langsam »aufsteht«. Wir liegen auch oft auf der Nase, weil wir zu belastet sind. Wir wollen versuchen, uns bis Ostern von dieser Last zu befreien. – Ostern nimmt dann dieser Jonathan, der gemäß dem Lied selbst teilte, die Gaben entgegen, die uns freier gemacht haben.

□ Hildegard Aengenheyster, Schwalmtal, nach dem Lied »Jonathan« auf der Platte von Ludger Edelkötter, Biblische Spiellieder, Impulse-Verlag, Drensteinfurt.

9. *Miteinander teilen* (große Brezel, Brötchen, Lose). In der Kirche werden Lose ausgeteilt: 15 grüne (bei etwa 300 Kirchenbesuchern) gewinnen große Brezel (1 m groß); ein Viertel der Kirchenbesucher hat weiße Lose (= 1 Brötchen, »Ihr habt gerade genug zum Leben«), der Rest hat schwarze Lose (= Hunger). Teilen die 15 mit uns allen? – Mit der Weltsituation vergleichbar.
Lesung: Apg 3,6 (Was ich habe, teile ich).

□ Wesentlich ausführlicher Georg Kugler / Herbert Lindner, Neue Familiengottesdienste Bd. III, Gütersloh 1979, S. 60–75; »Kindermeßbörse« Nr. 44.

10. Teilen. Ein Pfarrer kann nicht zum Altar gehen, weil ihm »das Elend der Welt« im Wege liegt. Erst nach der Kollektensammlung wird der Weg etwas freier.

□ Kugler/Lindner, Neue Familiengottesdienste Bd. III, S. 153.

11. Ein Netz: Mit den Zwängen und Ängsten leben.
Evangelium: Mk 1,16–18 (Sie ließen ihre Netze liegen und folgten ihm).

□ Siehe *Anschauliche Predigten,* S. 76–78.

12. Eine Nuß: Zum Kern vorstoßen. Dazu muß ich die Schale (= manches Hindernis) beseitigen.

□ Siehe *Anschauliche Predigten,* S. 73f.

13. Ein Tütchen mit etwas Salz für jeden Teilnehmer:
Ihr seid das Salz der Erde (Mt 5,13). Salz kann Eis zum Schmelzen bringen, vor Fäulnis schützen, den richtigen Geschmack geben, tragen, Leben erhalten.

□ Ein ausformulierter Gottesdienst dazu in *Anschauliche Predigten,* S. 62–65. Passend eine sehr gute Meditation in: Willi Hübinger, Nicht hoffnungslos, München 1980, S. 66–69.

14. Was uns Holz alles sagen kann (ein Stück Holz für jeden Teilnehmer)! Wir schauen auf das Holz: Holz läßt sich formen, bearbeiten . . . Lasse ich mich formen wie dieses Holz, um ein Werkzeug in der Hand Gottes zu werden – oder bin ich kantig, rauh, verletzend? Hinterlasse ich Splitter, wenn ich mit anderen in Berührung komme?

□ Diese und noch viele Gedanken zum Holz in einer ausformulierten Bußandacht in *Wir freuen uns auf die Predigt,* S. 99–103.

15. Was uns ein Stein alles sagen kann (ein Stein in der Hand eines jeden Teilnehmers)! Wir schauen auf den Stein: er ist glatt und kalt. Bin ich auch manchmal so kalt und abweisend zu anderen? Habe ich ein Herz aus Stein, das nur sachlich-nüchtern reagiert? Ist dir schon einmal »ein Stein vom Herzen gefallen«?

□ Diese und noch viele Gedanken in einer ausformulierten Bußandacht in *Wir freuen uns auf die Predigt,* S. 103–106. Siehe auch die Predigt »Was uns ein Stein sagen kann« (Ferienlager), s. u. Nr. 125, und im Kapitel »Sonntage im Jahreskreis«, Thema: Gemeinschaft, die Idee Nr. 6.
Liedvorschlag von Gerhard Dane, Köln:

Ein Stein ist meistens kalt und hart
mit Kanten, die verletzen;
doch wenn er sich zum Baustein macht,
läßt sich zu andern setzen:
dann wird aus harter Einsamkeit

gemauerte Geborgenheit,
dann wird ein Haus zum Wohnen.

(Melodie: »Zu dir, o Gott, erheben wir«, GL 462)

16. Was uns eine Scherbe sagen kann (eine Scherbe für jeden Teilnehmer)! Ist schon einmal deine Freundschaft in die Brüche gegangen, in Scherben zerfallen? Hast du schon die Situation erlebt, wo du meintest: jetzt liegt mein Glaube in Scherben . . .?

□ Dazu noch viele weitere Gedanken in einer ausformulierten Bußandacht in *Wir freuen uns auf die Predigt,* S. 107–110; s. auch im Kapitel »Advent«: »Andere Ideen« Nr. 9, »Umkehren«.

17. Weitere Predigten zur Fastenzeit: Ein schöner Handspiegel. Enger und weiter Maschendraht. Ein Kompaß. Ein Auto-Lenkrad. Abgeschnittene Triebe eines Apfelbaumes. Ein Gürtel etc. . . . Ein Tausender-Geldschein und sechs andere Ideen.

□ Siehe *133 Kinderpredigten,* S. 42–48.

Zeichenpredigten in der Passionszeit

45. Im Kreuz ist Heil

(ein breiter Längs- und Querbalken mit vorgebohrten Löchern zum Zusammenheften; auf dem Balken haften Bilder.)

Ihr seht hier auf dem Querbalken Bilder mit allem, was in der Welt »querliegt«; Bilder von Menschen, die allein sind, zweifeln, leiden, Angst haben, versagen, sterben, hassen. Auf diesem Längsbalken seht ihr Bilder mit all dem, was uns aufrichtet: Bilder von Menschen, die vertrauen, sprechen, lieben, froh sind, helfen . . . Beide Richtungen nahm Jesus auf sich, als er starb: Not *und* Hoffnung. So wurde er ganz Mensch, wie ein Bruder. (Die beiden Balken werden zusammengefügt, eventuell zum Kreuz genagelt.) Damit die Mitte hier nicht leer bleibt, kleben wir noch ein Bild von Christus auf. (Jetzt je nach dem Kirchenjahr: Bild vom Gekreuzigten – so hat er uns gerettet. Bild vom Auferstandenen = wir gehören zum Sieger. Bild von der Himmelfahrt = vom Vater her hilft er uns in Not und Freude. Bild von der Sendung des Heiligen Geistes = er läßt uns nicht allein.) Wer diese Mitte hier in aller Hoffnung hat, wer im Leid aus dieser Mitte lebt, der hat es leichter. Jesus will jedenfalls unsere Hand nicht loslassen.
Evangelium: entsprechend dem Festtag.

□ Nach einer Idee von Maria Moormann in »Fakten« 4/1979.

46. Das Tuch der Dunkelheit

(ein großes, schwarzes Tuch mit einem großen, roten Kreuz)

Kinder breiten vor dem Altar (oder über den Altar) ein großes, schwarzes Tuch aus = Nacht, Tod, Hunger, Folter, Krieg, Hoffnungslosigkeit, Sinnlosigkeit, Einsamkeit, Traurigkeit, Sünde. So viele werden auf diese Kreuze festgenagelt! Jesus starb für alle Festgenagelten. Weil er alle herunterholen wollte, wurde er erst selbst aufs Kreuz gelegt und festgenagelt. Damit befreite uns Jesus: Das Kreuz wird zum Zeichen der Auferstehung = der neuen Hoffnung und des Lebens.
Evangelium: Teile aus der Leidensgeschichte.
Zum Schluß wird das große Tuch in viele kleine gerissen oder zerschnitten. Jedes Kind soll ein Stückchen mitnehmen und sich selbst das rote Kreuz darauf malen und daran denken: Dieses kleine Kreuz verbindet mich mit allen, die ein Kreuz tragen; verbindet uns mit dem Gekreuzigten. Die rote Farbe soll uns warnen: Nagelt niemanden aufs Kreuz. Hole alle vom Kreuz herunter, denn wir sind heute Jesu Hände. Dann wird auch heute aus Dunkelheit Licht.

☐ Siehe dazu eine von Helmut Heiserer ausgearbeitete Kreuzfeier am Karfreitag in »Prediger und Katechet«, Kasualpredigten 2, München 1980, S. 132–39, oder »Gottesdienste mit Kindern und Jugendlichen«, April 1981.

47. Im Kreuz sich begegnen

Für Erwachsene

(zwei Stäbe vom Holunderstrauch)

(Der Prediger nimmt zuerst nur einen Stab:) So möchte ich auch sein: gerade gewachsen, voll Saft und Kraft, ungebrochen etwas leisten. (Der Prediger biegt den Stab:) Auch in der Belastung halte ich; oft werde ich gerade in der Belastung stärker.
(Der Prediger überspannt den Stab:) Manchmal werde ich bis an den Rand meiner Kräfte belastet, bin schon »angeknaxt«, es geht auf Biegen und Brechen. Mein Selbstvertrauen und meine Kräfte können schwinden.
(Der Prediger bricht den Stab so weit, daß die äußere Rinde die beiden Teile noch hält:) Dann passiert es: Die Last war zu groß, ich bin zusammengebrochen; ich bin am Ende; alles ist so sinnlos geworden. Dort in meiner Mitte, wo ich mich so stark fühlte, bin ich aufgebrochen, ausgeflossen.
(Der Prediger bricht auch den zweiten Stab und hält beide Bruchstellen gegeneinander:) Es kann aber sein – das ist die große Chance, die nie kommt, wenn wir uns keine Blöße geben –, daß im Zusammenbrechen des anderen sein und mein gebrochenes Herz einander nahekommen. Wir verstehen einander besser: ich bin offener für ihn. Die Bruchstellen ermöglichen ein tieferes Einswerden. Und im Ja zu meiner und deiner Schwäche entsteht Kraft zum neuen Weiterleben. Ich habe jetzt die Chance, aus meiner schwächsten Stelle die stärkste zu machen.
(Der Prediger legt die beiden Stäbe so zueinander, daß sie ein Kreuz bilden:) Dort, wo wir füreinander und zueinander gebrochen sind, ist aus dir und mir das Wir geworden. Jede Kreuzigung kann mich neu machen, weil ein neues Du in mein Leben tritt, und sei es die Begegnung mit dem Gekreuzigten.
Evangelium: Lk 9,23–25 (Täglich sein Kreuz auf sich nehmen).
Das Kreuz ist für die einen Torheit, für andere Ärgernis, für uns, die wir glauben, Quelle der Kraft Gottes. In der Begegnung mit dem Gekreuzigten können wir täglich auferstehen.

☐ Stark gekürzt nach der empfehlenswerten Dia-Meditation Nr. 18 von Elmar Gruber, Mit dem Kreuz leben, Impuls Studio, München.

48. Das Kreuz will uns frei machen

(ein Kreuz aus zwei Brettern oder Stämmen zusammengebunden)

Das Kreuz hat zwei Balken; es zeigt zwei Richtungen an . . . An einer Stelle treffen sie sich.

Es gibt die Richtung zu Gott (von unten nach »oben«) und die zu den Menschen: der Schnittpunkt wird zum Kreuz. Egoismus kennt nur eine Richtung! Wer Liebe will, muß sich die eigenen Wünsche oft durchkreuzen lassen. Bin ich noch auf beide Richtungen ausgerichtet? Wie stehe ich zu den Menschen . . ., wie stehe ich zu Gott . . .? Bin ich richtungslos geworden?

Evangelium: Lk 23,39–43 (Die beiden Verbrecher).

Der linke flucht, der rechte ergreift die Chance seines Lebens: er kehrt um, er hängt seine Schuldenlast an die Nägel deines Kreuzes. Laß mich der rechte sein, der die Last des Lebens an dein Kreuz hängt und so frei wird.

□ Vgl. J. Finkenzeller / J. Binder, Bußfeier mit Kindern und Jugendlichen, München 1975, S. 107–14.

Dazu noch eine Mediation für Jugendliche und Erwachsene: Was wir Menschen aus eigener Fähigkeit an Vernunft, Wille und Antrieb einbringen, liegt auf dem waagerechten Balken – auf der Todeslinie, denn wir können uns nicht selbst erlösen. Wir müssen unsere Todeslinie von der Lebenslinie Gottes, der Senkrechten, kreuzen lassen.

Uns selbst erlösen gelingt nur ein Stück weit, in der Befriedigung von Bedürfnissen (schöne Wohnung . . .). Das Böse in uns und um uns läßt sich nicht überwinden, indem wir es verdrängen. Wir werden nur erlöst, wenn wir das Böse durch das Gute kreuzen. Erst wenn ich ja sage zu meiner Schwäche und zu der des anderen, wird gegenseitiges Ertragen möglich. Ich muß »Unkraut« und »Weizen« in mir anerkennen, dann kann es am Ende reiche Ernte geben. Und Gott selber wird dann das Böse von mir trennen.

Wir möchten eine kreuzungsfreie Lebensbahn: Glück ohne Leid, Freude ohne Schmerz, Lust ohne Reue. Mancher will sich lieber selbst vernichten, als daß er sich den Weg durchkreuzen ließe. Doch wenn ich mein Leben selbst bewahren will, werde ich es verlieren. Besser: Wenn ich mein Kreuz, die vielen Kreuzungen, täglich neu auf mich nehme, dann komme ich zu mir selbst. In Jesus ist uns Gott begegnet. Er kreuzt unsere Bahnen: Die Fülle des Erbarmens und der bedingungslosen Liebe durchkreuzt unser Menschendenken, das nur Gesetze gelten läßt.

□ Stark verkürzt nach Elmar Gruber, Der Rosenkranz, München 1978, S. 35–37.

Evangelium: Lk 9,23–24 (Das Kreuz nachtragen).

49. Jesus trägt das Kreuz, das heute viele Menschen tragen

(ein großes Kreuz)

An ein großes Kreuz werden jeden Sonntag Bilder geheftet zu den Themen »Hunger« (Joh 6,5–13: Brotvermehrung), »Krankheit« (Mt 8,5–13: Jesus heilt einen Kranken), »Einsamkeit« (Lk 19: Zachäus), »Streit und Krieg« (Mt 18,21–23: Verzeihen!), »Angst« (Mt 8,23–26: Jesu Freunde in Angst). Auch nach Ostern wird der Zyklus fortgesetzt: Das Kreuz wird zum Lebensbaum der Kirche und erhält Wurzeln (des Glaubens = Zeugnis der Apostel; ihre Namen ans Kreuz), den Stamm (= Zeugnis der Menschen, die durch Sakramente gestärkt werden; Symbole der Sakramente auf den Stamm) und die Verzweigung (= Mission; verschiedene Hausformen ans Kreuz heften wie Hochhaus, Eskimo-Iglu, Indianerhütte, Zelt, Fachwerkhaus, chinesisches Haus).
Die Idee kann noch weiter gesponnen werden: Es gibt Widerstände (= Märtyrer: Beil, Schwert, Ketten ans Kreuz), aber auch Früchte (Hl. Geist: Liebe, Caritas, Vergebung, Geduld, Verständigung etc.).

□ Ulrich Katzenbach, »Kindermeßbörse« Nr. 47, S. 8–11.

50. Kreuze in unserer Welt

(5 Kreuze aus einfachen, ca. 10 cm breiten Latten in dunkler Farbe)

Die Kreuze tragen die Worte: Hunger (Mt 14,14–21: Brotvermehrung), Krieg (Mt 5,43–47: Liebet eure Feinde), Schwächen (Lk 14,16–24: Die Schwachen sind zum großen Fest geladen, oder Mt 9,10–13: Jesus fühlt sich zu den Kranken berufen), Angst (Mt 14,22–33: Jesus hält Petrus über Wasser), Einsamkeit (Joh 8,1–11: Jesus verstößt selbst die Ehebrecherin nicht). Es kann auch das Kreuz der Krankheit oder der Sinnlosigkeit gewählt werden. Vom 1. bis 5. Fastensonntag steht jeweils ein Kreuz im Mittelpunkt, mit Symbolen und Bildern behangen, mit Spielen und Dias verdeutlicht. Am Palmsonntag werden sie mit Palm oder Friedenszeichen wie PAX, Shalom geschmückt. Auch am Karfreitag stehen die Kreuze im Mittelpunkt – Jesus nahm unsere Kreuze auf sich:
Das Kreuz der Angst (Mt 26,36–46: Jesus am Ölberg), des Krieges (Mt 26,47–56: Gefangennahme Jesu), der Schwächen (Mt 27,11–28: Jesus vor Pilatus – das Todesurteil), der Einsamkeit (Mt 27,31b-44: Jesus am Kreuz), des Todes (statt »Hunger«) (Mt 27,45–50: Jesus stirbt).
Ostern werden die Kreuze mit Blumen und Kerzen geschmückt und in die Nähe der Osterkerze gestellt: Das Licht ist heller als die Nacht, die Freude größer als das Leid, die Hoffnung größer als der Untergang.

□ Ulrich Hinzen in »Gottesdienste mit Kindern und Jugendlichen«, Februar und April 1981.

51. Nägel herausziehen
(ein großer Nagel für jeden Teilnehmer)

Wir schauen auf den Nagel: Mit wievielen spitzen Bemerkungen wollten wir schon andere treffen, auf wieviele Fehler sie festnageln (»Der geht nicht in die Kirche«, »Du hast mich einmal belogen, also wirst du mich immer belügen«, »Wie der ausieht!«)? Manche Nägel sitzen deshalb tiefer, weil auch Christen nichts unternehmen.
Gegen manche Nägel, die uns festhalten, können wir nichts machen: Krankheiten, Unfall, Unvermögen. Aber unser Glaube an Jesus, dessen Nägel für uns zum Heil wurden, kann uns eine neue Richtung zeigen, kann die Nägel umbiegen: indem ich geduldig das Leid trage, das ich nicht ändern kann. Oft wachsen dabei Kräfte, die du nicht in dir vermutet hättest – weil Gott dich mitträgt. Und wer leidet, kann andere besser verstehen.
Evangelium: Lk 9,23–25 (Wenn einer endgültig zu mir gehören will, darf er nicht fragen, was ihm dabei geschieht).
Jeder soll den Nagel zu Hause sichtbar aufhängen, um sich daran zu erinnern: wir wollen weniger Nägel einschlagen – dafür mehr herausziehen! Und: Unser Glaube kann auch manche umbiegen!

☐ Dazu eine ausformulierte Bußfeier für Jugendliche und Erwachsene in Willi Hoffsümmer, »2 × 11 Bußfeiern mit Gegenständen aus dem Alltag«, Mainz [2]1985, S. 21–25.

52. Aus der Palme wird die Rute
(Palmzweig)

Nach dem Einzug bricht der Priester an seinem echten Palmzweig alle Nebenzweige bzw. Palmblätter ab, so daß nur die Gerte bleibt. Er fragt die Kinder, was das bedeuten soll. (Aus dem Palmzweig, mit dem ich jemanden zujubeln kann, ist eine Gerte geworden, mit der ich zuschlagen und wehtun kann.) Hört zu, wie die Menschen, die Jesus in Jerusalem zujubelten, später zuließen, daß er getötet wurde.– Verlesung der Leidensgeschichte in stark verkürzter Form, z. B. Mt 26,14–16.20.30.47a.50; 27,1–2.15–16.

☐ Vgl. Bernhard Schömann in »Prediger und Katechet« 2/1978, S. 243.

53. Das durchbohrte Herz Jesu
(ein Herz-Jesu-Bild oder eine Statue)

Wie findest du diese Darstellung? (Kinder äußern sich – hier können kritische, wenn auch nicht verletzende Worte zur »Stilrichtung« gesagt werden.) Wo hast du eine ähnliche Darstellung schon gesehen?

Dieses offene Herz Jesu können wir besser verstehen auf dem Hintergrund der Geschichten und Märchen von steinernen Herzen: Da bleibt einer hartherzig, teilnahmslos, kalt. Solche Leute gibt's auch heute: »Jeder ist sich selbst der Nächste«, »Gutheit ist Dummheit«, »Das faule Pack in Indien soll arbeiten«, erbarmungslos den Konkurrenten niedertreten. Wird das steinerne Herz zum Kennzeichen unserer Welt?
Oder wird es das Plastikherz mit dem eingebauten elektrischen Schrittmacher: technisch perfekt und fehlerlos organisiert?
Das offene Herz Jesu bedeutet: »Eine größere Liebe hat niemand als wer sein Leben hingibt für seine Freunde.«
Wenn uns Ereignisse das Herz durchbohren, dann sagt uns Christi Herz: Gott ist größer als unser Herz.
Evangelium: Joh 19,31–37 (Jesus wird die Seite durchstochen).

□ Stark verkürzt nach Josef Müller, »Prediger und Katechet« 7/8 1971, S. 509–511.

Zum geöffneten Herz Jesu *weitere Gedanken:*
Das Herz ist die Mitte des Menschen. Was »von Herzen« kommt, ist ehrlich gemeint. Einen ins Herz schließen = ihn lieb gewinnen. Sich ein Herz fassen: einen mutigen Schritt wagen. »Der hat das Herz auf dem rechten Fleck.«
Auch die Bibel ist voll von diesen Bildern:
»Gott erleuchte die Augen eures Herzens, damit ihr erkennt, zu welcher Hoffnung ihr berufen seid« (Eph 1,18).
Das Hauptgebot: »Du sollst den Herrn, deinen Gott, lieben aus deinem ganzen Herzen und aus deiner ganzen Seele.«
Wenn der Mensch aus seiner »Herzmitte« heraus lebt, leben Leib *und* Seele klarer und eindeutiger.
Das Herz bei Jesus bedeutet aber mehr: ein Herz haben für *andere.* Keinen weist er zurück, weil er sich ganz an seinen Vater hingibt. Wer sich wirklich auf Jesus einläßt, wird umgewandelt und schließt sich ganz für Gott und den Nächsten auf: Er hat ein Herz für Gott und den Mitmenschen.
(Leider hat der Gedanke, im Namen des Herzens Jesu für sündige Menschen zu sühnen, die richtige Verehrung verdeckt. Zumal diese Sühne verbunden war mit einem schrecklichen Bewußtsein der Überlegenheit über diese Sünder und Ungläubigen. Die kleine Therese von Lisieux hat sich immer gegen solches Denken gewehrt und betont: Es kommt darauf an, daß wir bereit sind, uns von Gott lieben zu lassen, in einer Reihe mit Sündern und Menschen, die – noch – nicht glauben.)

□ Stark verkürzt nach A. Exeler, Predigt zum Herz-Jesu-Fest 1977. Beachten Sie zu diesem Thema den ausgezeichneten Text im Gotteslob Nr. 552.

54. Miteinander unterwegs
(ein Verkehrszeichen)

Das nebenstehende, abgeänderte Verkehrszeichen (weiß auf blauem Grund) will ungefähr aussagen: Wir sind miteinander unterwegs. Egal, wo wir stehen, wir sollen uns miteinander verbinden, verknoten und zu einem verschmelzen. Dazu dieses Autonummernschild:

GAL – 6,2

Diese Stelle im Brief des Apostels Paulus an die Galater heißt: »Einer trage des anderen Last, so werdet ihr das Gesetz Christi erfüllen!«
Schließlich wird am Ende des Gottesdienstes jedem Teilnehmer eine Postkarte ausgehändigt, auf der Verkehrsschild und Autonummer abgebildet sind. Dazu wird gesagt: »Schreibt . . . und schickt die Karte an den, den ihr besonders gern habt oder den ihr vielleicht aus irgendeinem Grund um Verzeihung und Verständnis bitten wollt.«

□ Christoph Höttges, Remagen, in »Kindermeßbörse« Nr. 29.

Andere Ideen

1. *Das Kreuzzeichen* (ein kleines Kreuz). Du weißt, wie es gemacht wird, das Kreuzzeichen: Mit den Fingerspitzen berühren wir die Stirn, d. h. die Mitte des Geistes. Dann gehen wir zur Mitte des Leibes, der Mitte des Menschen (zum Bauchnabel: Mitte, Meditation!). Dann schließen wir den ganzen Leib ins Zeichen des Kreuzes ein: Der Leib wird richtig auf das Kreuz festgelegt und »erhöht«: von Schulter zu Schulter (von Last zu Last), von Kopf bis Fuß – wie auch Jesus mit dem Kreuz »verwachsen« war.
Schließlich legen wir in der Mitte die Handflächen aufeinander. Wir ballen keine Faust, nein, wir machen eine offene, ehrliche, befreiende, erlösende Bewegung. Dieses Zeichen erinnert uns daran, daß wir durch Jesus befreit und erlöst sind. In diesem Zeichen des Kreuzes, das für Verbrecher gedacht war, hat Jesus alles, was bisher da war, überwunden!

□ Nach W. Willms, Von Perle zu Perle, Kevelaer 1978, S. 42f.

2. *Ein kleines Kreuz.* Wer solch ein Kreuz in die Wohnung hängt oder ein noch kleineres an seiner Halskette trägt, zeigt damit: Ich glaube an Gott und an Jesus. Von ihnen erhoffe ich mir Segen.

Das Kreuz kann auch heißen: Ich brauche Gott. Darum drücken wir jetzt das Zeichen des Kreuzes fester auf die Stirn. Wir möchten uns das Kreuz für immer einprägen, damit wir ein Leben lang spüren: wir gehören Gott. (Reiner Schmidt)

3. *Das Lattenkreuz.* Auf ein Lattenkreuz sind sechs Felder aus starker Pappe (4 von oben nach unten) befestigt worden. Kinder malen Kreuzwegstationen oder Menschen, die heute ein schweres Kreuz zu tragen haben. Diese Bilder werden auf die Felder geheftet. Ostern wird das Kreuz geschmückt; die Osterkerze wird davorgestellt, um die Einheit von Tod und Auferstehung, Kreuz und Erlösung zu verdeutlichen.

4. *Ein großes Holzkreuz,* auf das unsere »Kreuze« geheftet werden.

□ Diesen und weitere Gedanken in einer ausformulierten Bußfeier in *Anschauliche Predigten,* S. 118–23.

5. *Kreuz.* Die verschiedensten Kreuze sind im Chorraum aufgestellt: Altarkreuz, Vortragskreuz, Krankenzimmerkreuz, Rosenkranzkreuz etc.: Sie sollen uns überall an den erinnern, der für uns gestorben ist. Evangelium: Num 21 (Bericht von der ehernen Schlange). Auf Jesus gedeutet: Wer auf mich schaut, wird leben!

□ Pfeil/Bouwmans, Neuss, in »Kindermeßbörse« Nr. 34.

6. *Unser Herz verschenken* (Herzen werden auf ein Kreuz geheftet). Jesus hat uns das Beste gegeben, das jemand schenken kann: Sein Herz (= Leben, Liebe, Hingabe). So schenkt auch eine Mutter ihr Herz dem Kind: Sie tröstet, liebt, hält es fest . . . Weil Jesus uns so sehr geliebt hat, sollen auch wir unser Herz öffnen: zuerst richtig hören lernen, sich für andere öffnen, sich hingeben – wie Jesus es tat.

□ Dazu ein kurzgefaßter Fastenzyklus bis einschließlich Gründonnerstag vom Team Ansgar Kratz/Interessenkreis Kinderliturgie, Mönchengladbach, in »Gottesdienste mit Kindern und Jugendlichen«, März 1981.

7. *Gedanken zu Samenkörnern.* Jeder erhält am Eingang ein Tütchen mit etwa zehn Weizenkörnern.

□ Eine ausformulierte Bußfeier dazu in *Anschauliche Predigten,* S. 133–39.

8. *»Weizenkörner«,* s. auch nach Nr. 90, »Andere Ideen« Nr. 1.

9. *Eine Blüte* richtet sich nach der Sonne (= Güte, Gott . . .) aus. Für jeden Teilnehmer eine Blume.

□ Viele Gedanken zur »Blume« in einer ausformulierten Bußfeier: *Anschauliche Predigten,* S. 123–28.

10. Ein großes, buntes Bild mit Sonne, Blumen und Vögeln, Wald, Wasser und fröhlichen Menschen, mit Vater und Mutter ist gemalt worden (Collage!). Anhand eines bekannten Dank-Verses wird für alles gedankt. (Die Kinder sagen, wofür wir danken; dann gemeinsames Singen.) Plötzlich bricht die Orgel ab, und ein schwarzes Tuch wird über das Bild gehängt. Kann plötzlich alles zu Ende sein? Ja, der Tod. – Nur Jesus kann Trauer und Verzweiflung von uns nehmen.

Evangelium: Erweckung des Lazarus. Jesus: Wer an mich glaubt und auf mich vertraut, wird ewig leben. (Das Tuch wird wieder vom Bild weggenommen und noch einmal der Dankvers gesungen.)

□ Pfeil/Bouwmans, Neuss, »Kindermeßbörse« Nr. 34.

11. Ein Stab wird gebrochen. »Über jemanden den Stab brechen«: vielleicht wird das in Szenen vorgespielt.

Evangelium: Mt 7,1–5 (So wie wir richten . . .; vgl. auch die Bitte im Vaterunser: Wie auch wir vergeben unsern Schuldigern).

12. Weitere Zeichenpredigten

□ *Wir freuen uns auf die Predigt:* ein Fernglas, S. 45; ein Teppich, S. 49ff; und *133 Kinderpredigten:* ein neues Verkehrsschild, ein geschliffener Diamant, S. 16–20; Palmzweig, Schwamm, INRI-Schild und weitere Ideen, S. 48–51.

Zeichenpredigten zu Ostern

55. Hat das Osterei etwas mit der Auferstehung zu tun?

Mehr für Jugendliche und Erwachsene
(ein buntes Osterei)

Am Eingang hat jeder ein bunt gefärbtes Ei, ev. mit einem hübschen Motiv, bekommen. Ob es uns etwas über Ostern sagen kann?

Zuerst steht das alte Problem vor uns: Wer war zuerst: das Ei oder die Henne? – Weil das Küken von innen her plötzlich die Schale aufbricht und lebendig herumläuft – ein Wunder für den, der noch staunen kann –, wurde es in einigen Ländern zum Symbol der Fruchtbarkeit. Von diesem Gedanken her wurde es dann mit Ostern in Verbindung gebracht: Jesus zerbricht die Schale des Grabes und lebt neu. Er hat den Widerspruch von Tod und Leben überwunden. Diesen Widerspruch zeichnet auch noch das Ei aus: rund und doch nicht rund; eine Schale, die ungeheurem Druck gewachsen ist; etwas zum Greifen, aber nach innen unbegreiflich. Vielleicht sind auch alle unsere Widersprüche nur Schale für das Leben, das wir jetzt noch nicht anders fassen können.

Sorgen wir dafür, daß wir nicht farblose, leere, ausgeblasene, ausgelaufene Eier sind oder verfaulte und stinkende, die an den Tod erinnern. Wer sich am Leben Jesu orientiert und durch seine Auferstehung neue Hoffnung geben läßt, der ist jetzt schon ungeheurem Druck von außen gewachsen.

Evangelium: Joh 14,1–7 (Seid ohne Angst . . .)

□ Vgl. Elmar Gruber, Gott erleben, München 1977, S. 118; Jugendmeßteam Wachter/Quirl, Düsseldorf-Garath.

Nach dem Gottesdienst wird zum gemeinsamen Ostereieressen und Frühstück (abends mit Rotwein und Weißbrot) eingeladen, um in der Gemeinschaft eine frohere und damit leichtere Nachfolge zu versuchen.

56. Licht und Leben

(das KIM-Kreuz)

Der Gymnasiast Mathes Kaiser kam 1941 zu seinem priesterlichen Freund Jupp Schneider in Bamberg und eröffnete ihm, daß er zum Militärdienst eingezogen würde und gerne ein schönes Kreuz tragen wolle. Eine bekannte Künstlerin entwarf daraufhin ein Silberkreuz mit den beiden griechischen Worten »Phōs« und »Zōä« (= Licht und Leben: das Christuszeichen der ersten griechischen Christen). Diese Worte sind bekannt aus dem Anfang des Johannesevangeliums:

Evangelium: Joh 1,4.(5)9 (In IHM war das LEBEN, und das LEBEN war das LICHT der Menschen . . .).

Drei Jahre später wurde Mathes Kaiser zusammen mit zehn anderen Jungen wegen seiner christlichen Haltung und seiner Gewissensentscheidung von den damaligen Machthabern des Dritten Reiches zum Tode verurteilt und drei Stunden später erschossen. Pfarrer Biela aus Pommern, der ihm in den letzten Stunden beistehen durfte, sagte zu ihm: »Christus, der Herr, spricht: ›Ich bin die Auferstehung und das Leben; wer an mich glaubt, wird leben, auch wenn er gestorben ist.‹ Und Sie werden leben!« Mathes erwiderte, indem er sein Gesicht in die Hände des Priesters legte: »Sagen Sie meinen Eltern, sie möchten den Schmerz so tapfer tragen, wie ich mein Leben hingebe!« Dann sagte er langsam: »Vater, in deine Hände empfehle ich meinen Geist!«

»Das Blut der Märtyrer ist der Same der Christen.« Jupp Schneider ließ dieses Zeichen in den Grundstein der Verklärungskirche der Burg Feuerstein meißeln. Im Frühjahr 1970 übernahm hier Pater Leeb, der Gründer des KIM (= Kreis Junger Missionare), das Kreuz und das damit verbundene Schicksal einer christusverbundenen Jugend als Erbe und Symbol für KIM.

Dieses Silberkreuzchen kann bei der KIM-Zentrale in 8070 Ingolstadt bestellt werden.

Wir alle sollen dieses »Leben« weitergeben: Eine Sonne, und sei sie noch so klein, die nicht Licht und Wärme abgibt, ist keine Sonne mehr!

(Aktion: Für alle Teilnehmer ein solches Kreuz anfertigen lassen oder im Gottesdienst – zum Umhängen oder Anstecken – fertigen.)

57. Was uns ein Spaten sagen kann

(ein Spaten)

Was kann ich mit einem solchen Spaten alles machen? (Umgraben, einen Graben für eine Leitung ausheben, etwas eingraben, einen Graben zuschütten . . .) Hier seht ihr aber einen besonderen Spaten! Hört:

Evangelium: Joh 20,11–17 (Jesus, der »Gärtner«, begegnet Maria Magdalena).

Soweit hat das Johannes erzählt. Ich möchte noch etwas weiter erzählen: Jesus sagte zu Maria Magdalena: »Ich kenne meine Jünger; du wirst es nicht leicht haben, sie zu überzeugen. Darum nimm diesen Spaten mit. Du kannst ihn den Jüngern auch überlassen!«

Was meint ihr, sollten nun Maria und die Jünger mit dem Spaten machen? Gräben zuschütten = »Kriegsbeile« begraben; wieder die erste Liebe ausgraben (vgl. Offb 2,4: Ihr liebt nicht mehr wie am Anfang), die in Gewohnheit erstarrt ist (in der Ehe, im Glauben); Fallgruben für andere zuschütten (die oft durch Familien, Nachbarschaft und Gemeinde gehen); verschüttetes Leben (Außenseiter, verstörte Kinder, verbitterte Alte) ausbuddeln! Sollte einer von uns so einen Spaten nicht besitzen: er ist im Pfarrbüro auszuleihen, auch außerhalb der Bürozeit!

Jetzt aber wollen wir mit Jesus feiern, den niemand eingraben konnte, der uns aber ausgraben wird. (Franz Decker, Hürth-Berrenrath)

58. Auferstehungsfreude

(Bild oder Modell eines römischen Brunnens)

Beschreibung oder Erarbeitung: Aus diesem Brunnen gelangt das Wasser mit großer Kraft in die Höhe, in die oberste Schale, die überläuft und das Wasser in die nächste Schale weitergibt, bis auch diese gefüllt ist und weitergibt. Alle Schalen werden also gefüllt und geben weiter von der Fülle, die sie selbst empfangen haben. Ein schönes Bild für die Freude der Frauen und Jünger. Hört gut zu:

Evangelium: Mt 28,1–8 (Erschrocken und doch voller Freude liefen die Frauen vom Grabe weg zu den Jüngern.)

Es war wie beim Brunnen . . . Die Jünger sagten es den anderen Jüngern . . . Seit fast zweitausend Jahren wird diese Freude inmitten aller Sorgen, Angst und Not weitergesagt: Christus ist das lebendige Wasser, das aus der Tiefe von Liebe, Leiden und Tod aufsteigt, um alle mit seinem Leben zu erfüllen, damit wir von Freude und Hoffnung überfließen und sie weitergeben an alle.

□ Verkürzt nach Arbeitskreis St. Elisabeth, Neuss-Reuschenberg, Familiengottesdienst, 6. 4. 1980.

59. Das Kreuz wird zum Weg

(ein großes Kreuz aus Ytongsteinen/Styropor; Kreppapierblumen und kleine Kerzen)

Die Osterkerze steht zunächst hinter dem Kreuz verdeckt. Das Kreuz ist Karfreitag im Kinderkreuzweg schon aufgebaut worden: Der Stein meiner Angst, der Stein des ungerechten Urteils, der zugeschobenen Schuld . . . Die Steine des Hungers in der Welt, der Verfolgten, der Einsamen, der Verstorbenen . . .
Einige Kinder versuchen pantomimisch, das Hindernis und Ärgernis des Kreuzes wegzuschaffen. Sie schaffen es nicht. Sie gehen langsam zu Boden.
Prediger: Wenn jeder *seinen* Stein wegwälzen würde! Und wer wälzt die anderen Steine weg?
Ein Spieler (bisher hinter dem Kreuz versteckt) kommt mit dem Licht von der Osterkerze in der Hand und berührt alle Spieler am Boden. Er führt sie hinter das Kreuz, von dort ziehen sie mit brennenden Kerzen und großen Blumen zu einer Halleluja-(Taizé)Prozession durch das Chor. Das Kreuz wird abgebaut, die Osterkerze wird sichtbar. Die Steine des Kreuzes werden so gelegt, daß sie einen Weg zum Altar markieren.
Prediger: Wer wälzt die Steine weg, die uns bedrücken?
Alle: Christus, der Herr, er lebt, Halleluja, Halleluja (auf Schlußmelodie von Lied GL 218)
Prediger: Wer läßt uns wieder froh leben?
Alle: Christus, der Herr . . .
Evangelium: Mk 16,1–8 (Auferstehung).
Prediger: Christus hat sich selbst der Steine, die nicht aus dieser Welt wegzuschaffen sind, angenommen, damit sie uns nicht erdrücken. Sie sind uns zu einem Weg geworden, auf dem wir froh leben dürfen.

□ Matthias Schnegg in »Gottesdienste mit Kindern und Jugendlichen«, März 1980, dort als ganzer Gottesdienst.

60. Labyrinth des Lebens

Mehr für Jugendliche und Erwachsene

(Labyrinth)

Auf dem Boden ist eventuell ein Labyrinth aus Wollfäden geklebt oder aus Gegenständen gestellt. Oder es steht ein Dia mit dem Labyrinth von Chartres zur Verfügung.

Ein Labyrinth spiegelt unser Leben wider mit all seinen Verwinkelungen, Prüfungen, Verzögerungen, unvorhergesehenen Ereignissen. In der Mitte des Labyrinths, so deutete die Antike, lauert der Tod. Erst der halbgöttliche Theseus, so weiß eine alte griechische Sage, überwältigt mit seiner Wunderwaffe das menschenfressende Ungeheuer Minotaurus in der Mitte des Labyrinths (das Labyrinth auf Kreta zählte zu den Weltwundern). Theseus konnte weiterleben, weil die geliebte Königstochter Ariadne ihm ein Wollknäuel mitgegeben hatte, das er beim Eintritt in die Höhlengänge entrollte, und er so den Ausgang wiederfinden konnte (vgl. Gustav Schwab, Die Sagen des klassischen Altertums).

Jesus Christus wird im »christlichen Labyrinth« des Lebens bis ins Mittelalter hinein als der »neue Theseus« bezeichnet, der am Karfreitag in die Todesspirale hinabstieg, um Tod und Teufel zu besiegen. So führte er die dort eingeschlossenen Menschen heraus ans Licht. Darum gab es in den alten Kirchen (bis in die frühe Gotik) an der dunkelsten Stelle des Gotteshauses (in der Krypta oder auf dem Fußboden der Oberkirche; in Chartres 200 m lang bei 12 m Durchmesser; meist auf den Knien »errutscht«) ein Labyrinth, meist aus Mosaik. Oft stand später in der Mitte das Wort ecclesia = Kirche: Seit Jesus in den Todesabgrund stieg, kann die Kirche die Menschen beim Todessturz auffangen. Nach dem Ostergottesdienst spielte der Bischof von Auxerre dann mit seinen Klerikern im Kirchengebäude Ball, d. h. sie schritten einen rituellen Tanz mit festen Tanzfiguren ab, bei dem sich die Tänzer einen Ball zuwarfen: Zeichen der Freude über Christus, die Sonne, die alle tödliche Finsternis überwunden hat.

Evangelium: Von Ostern.

□ Vgl. Walter Kettler, Von Gott und Jesus im Kindergarten reden, München 1979, S. 12–15; Herbert Falken, Labyrinth, in »Gottesdienst« 4/1981, S. 28ff; vgl. auch: Das Leben ist ein Labyrinth, s. u. Nr. 94.

61. Kreuz im Licht

Mehr für Kindergartenkinder

(Viele Kieselsteine und kleine Osterkerzen. Die Steine können von den Kindern mitgebracht werden.)

Diese Steine lagen auf der Erde. Mit ihnen kannst du wehtun (. . .), aber auch etwas Schönes bauen.

Wir wollen damit im Mittelgang der Kirche ein großes Kreuz legen: Wir legen in ihnen alles zusammen, womit wir anderen wehgetan haben . . .

Wir denken jetzt daran, daß Jesus nicht nur sterben mußte am Kreuz. Er ist auferstanden. Darüber dürfen wir uns freuen. Als Zeichen unserer Freude stellen wir unsere brennenden Osterkerzen in einen Kreis um das Kreuz aus Steinen. – In einer halbdunklen Kirche oder in einem leicht verdunkelten Raum erhält das Kreuz jetzt einen eigenartigen Glanz: Die Schwere wird ihm genommen; es strahlt beeindruckend. (Hubert Lerch, Maxdorf)

Evangelium: Joh 14,19 (Jesus sagt: Ich lebe und auch ihr werdet leben!).

Andere Ideen

1. *Ein Osterbaum,* der spricht. Sprießende Äste in einer Vase sollen nicht mit bunten Ostereiern behangen werden, sondern mit Kärtchen, auf denen die Kinder Begriffe geschrieben (und farbig ausgemalt) haben, die ihrer Meinung nach mit Ostern zu tun haben (Ostereier, Kreuzestod, Auferstehung, kleine Osterhasen, Nachmittagsspaziergang, Ratlosigkeit der Apostel, leeres Grab, Sonntag . . .). Die Aussagen, die am stärksten mit dem eigentlichen Osterfest zusammenhängen, sollen im Zentrum des Baumes hängen. Die Diskussion um die Mitte oder den Randbereich von Ostern kann heilsame Ergebnisse bringen. – Der Osterbaum ist auch als große Collage mit einem aufgezeichneten Baum auf Papier an einer Kirchenwand möglich.

□ Gekürzt nach Albert Wunsch in einem »Forum«-Heft 1978.

2. *Osterkerze.* Ihre fünf roten Punkte (Wunden Christi) einmal als fünf Wunder (Geheimnisse im Leben Jesu) deuten. 1. Das Wunder der Herablassung, des Herabkommens zu uns Menschen = Menschwerdung. 2. Jesu Wundertaten = Wunder der Verwandlung wie z. B. in Kana: Hinweis auf die letzte große Verwandlung der ganzen Schöpfung. 3. Auferstehung = aus Tod wird Leben. In diese Auferstehung wird die ganze Schöpfung einmal hineingenommen. 4. Kirche: Trotz aller menschlichen Fehler in ihr das Wunder der göttlichen Gegenwart. Die innerste Mitte: die heilige Eucharistie. 5. Wiederkunft in Herrlichkeit: das Wunder der Zukunft.

□ Verkürzt nach Alois Stiefvater, Einstiege für die Predigt, Freiburg 1976, S. 51f.

3. Am Ostermorgen erhalten alle Kinder am Ende der Familienmesse ein gesegnetes *Osterbrötchen* (süßes Weckchen) mit eingekerbtem Kreuz. Sie werden aufgefordert, dieses Brötchen mit möglichst vielen Leuten (Nachbarn und Verwandten) zu teilen und dabei frohe Ostern zu wünschen. Ein Junge brachte es nach glaubhafter Aussage auf 84 »Osterteilungen«.
Bei der Bußfeier der Erwachsenen wurden für je vier Leute am Eingang der Kirche süße Brötchen ausgegeben, eine Tüte bekam aber jeder, der hereinkam. Zum Schluß der Feier teilten alle, und die Gespräche setzten sich vor der Kirche und zu Hause noch lange fort.

□ Gerhard Dane, Köln, in »Kindermeßbörse« Nr. 34.

4. *Speisegang.* Kinder bringen (selbstgebackenes) Brot, Eier und Käse mit zur Kirche. Dieser Brauch geht darauf zurück, daß nach alten, strengen Fastenregeln nicht nur auf Fleisch verzichtet wurde. Die lang entbehrten Speisen wurden zum ersten häuslichen Osterfestmahl gesegnet. Oder läßt sich am Pfarrheim eine Agape fortsetzen?

□ Siehe dazu »Speisegang zu Ostern« im neuen Benediktionale, Einsiedeln/Freiburg 1978, S. 58f.

5. *Leben aus dem Tod* (ein Schmetterling als Abziehbild für jedes Kind oder in ausreichender Menge Schmetterlinge malen lassen). Wie die Raupe stirbt und zum Schmetterling verwandelt wird, so wird Gott unseren Tod in neues Leben verwandeln.

☐ Dazu ein kompletter Gottesdienst: Heriburg Laarmann in »Prediger und Katechet« 3/1979, S. 354–359.

6. *Weitere Zeichenpredigten*

☐ *Wir freuen uns auf die Predigt,* S. 47: Ein Nest mit bunten Eiern, Osterhase . . .; S. 51: ein Kastanienzweig; und in *133 Kinderpredigten,* S. 51–53: Kerze/Wasser, Osterlamm und drei andere Ideen.

7. *Das Sakrament der Taufe:* Sieben Flammen in jedem Menschen, s. u. Nr. 109.

8. Was uns eine *Sonnenblume* sagen kann, s. u. Nr. 99.

Zeichenpredigten zur Kommunion, Erstkommunion, Gründonnerstag, Fronleichnam

62. Eine Mitte haben
(ein altes Wagenrad)

1. Viele Holzstücke sind nötig, um ein Wagenrad zu zimmern. Sie werden zugerichtet, jedes Stück muß passen. Wenn ich selbst mitmachen will an einem großen Werk, muß ich bereit sein, mich ändern zu lassen; »Form« anzunehmen, damit ich passe. Das Abrunden der Ecken und Kanten kann wehtun. Die Radnabe gibt allen Teilen Richtung. Wenn jedes Teil Mitte sein will, entsteht keine Ordnung.
Jeder ist gleich wichtig, wenn er eingespannt ist im Kreis zwischen Reifen und Mitte. Ich halte und werde gehalten. Sie brauchen mich, wie ich sie brauche. Die Mitte macht aus uns ein WIR.
Jetzt sind wir belastbar: Durch die Mitte kann ich viel mehr ertragen als nur mich selbst. In der Mitte, am Drehpunkt ist die Kraft am stärksten, die den Wagen oder die Schubkarre mit ihrer Last trägt. Weil das Rad sich dreht, wird Lastentragen erträglich; keiner bleibt auf der Strecke.
Evangelium: Joh 20,19–21 (Jesus trat in die Mitte der Jünger: er formte sie als Mitte zum neuen Kreis); Mt 18,20 (Wo zwei oder drei in meinem Namen sich versammeln, da bin ich mitten unter ihnen).

☐ Stark verkürzt nach der ausgezeichneten Dia-Meditation Nr. 14 von Elmar Gruber, Eine Mitte haben, Impuls-Studio GmbH, Ottweilerstr. 3, D-81737 München.

2. Auch die Kirche ist mit dem Wagenrad vergleichbar: die Mitte ist Christus. Wir Christen umgeben ihn. Kinder können die Speichen durch Schilder mit einem Sakrament benennen, durch die wir ganz eng mit der Nabe (= Christus) verbunden sind. Die Mitte kann mit einem Christuszeichen überklebt werden, die Felge mit dem Wort »Kirche«. Je nach dem Festtag, an dem die Predigt gehalten wird, kann die entspre-

chende Speiche mit farbigem Kreppapier hervorgehoben werden: Gründonnerstag, Erstkommunion, Fronleichnam: Eucharistie; Pfingsten: Firmung. (Nach Heinz Albert Raem, Leverkusen)
3. Je mehr wir uns Gott nähern (= der Nabe des Rades und dem Mittelpunkt unseres Lebens), desto näher kommen wir uns auch gegenseitig, selbst dann, wenn wir auf ganz verschiedenen Pfaden (= Speichen des Rades) reisen.

□ Henri J. M. Nouwen, Ich hörte auf die Stille, Freiburg 1978, S. 149.

4. Siehe *133 Kinderpredigten*, S. 73f: das Rad ohne Nabe (besser *mit* der Mitte gezeichnet!); Rad des Lebens (s. u. »Ferien«); Rad des Todes (s. u. »November«); ein Wagenrad (s. u. »Verschiedenes«).

63. Mit Jesus verbunden sein

(Papierteppich im Mittelgang der Kirche mit einem Riesenweinstock und zehn dicken Trauben = 10 Kommunionkindergruppen; jede Beere trägt den Namen eines Kommunionkindes.)

Evangelium: Joh 15,4–8 (Weinstock – Rebzweige).
Die Trauben können nur wachsen und reifen, saftig und süß werden, wenn sie mit dem Weinstock verbunden bleiben. Der Weinstock schenkt den Reben sein Leben, seine Kraft, Verbindung bedeutet Leben, Trennung ist Tod, Kommunion = unsere Verbindung zum Weinstock Jesus Christus, aber auch zu allen anderen Reben am Weinstock.

□ Heriburg Laarmann in einem ausformulierten Gottesdienst in »Prediger und Katechet« 3/1979; oder dies., Freude am Glauben, Mainz 1981, S. 82ff.

64. Im Zeichen des Fisches

Jedes Kommunionkind hat einen großen, bunten Fisch gemalt, auf dem sein Name steht. Alle sind auf einem langen Papierteppich im Mittelgang aufgeklebt. Außerdem hängt im Chorraum ein Riesenfisch, der aus vielen kleinen Fischen – wieder mit den Namen der Kommunionkinder – zusammengeklebt ist. Das Auge des Riesenfisches ist das Christuszeichen = Christus. – Es können zum Schluß emaillierte Fische aus Kupfer als Halsschmuck verteilt werden.

So wie die Fische im Meer leben, leben wir in Gott (Hinweis auf die Taufe: im Wasser aus dir geboren). Paulus: »In ihm leben wir, bewegen wir uns und sind wir . . .«
Jesus, *der* Fisch, ist uns durch das Meer der Zeit entgegengeschwommen und hat uns so gerettet: mit ihm können wir Gott entgegenschwimmen.

Evangelium: Mt 14,13–21 (Speisung der Fünftausend mit fünf Broten und zwei Fischen); Joh 7,37–40 (Aus seinem Innern werden Ströme lebendigen Wassers fließen); Joh 21,1–14 (Der Auferstandene und die Jünger am See).

Der Fisch (griechisch ICHTHYS = I = Jesus, CH = Christus, TH = Gottes, Y = Sohn, S = Erlöser) wurde für die ersten Christen zum Geheim- und Erkennungszeichen.

□ Heriburg Laarmann in einem ausformulierten Gottesdienst »Heute schon im Himmel leben«, in »Gottesdienste mit Kindern und Jugendlichen«, 9/1978; oder dies., Freude am Glauben, Mainz 1981, S. 85ff. Beachte auch die Geschichte »Swimmy« von Leo Lionni, Köln [12]1963.

Oder ein Aquarium mit Fischen ist aufgestellt.

1. Diese Südseefische brauchen eine ganz bestimmte Wärme, die immer gleich bleiben muß, sonst gehen die Fische ein. Solch eine gleichbleibende Wärme und Herzlichkeit sollte auch nach der Heirat zwischen den Eltern bleiben. Und genauso ist es mit unserer Freundschaft zu Jesus: Wenn sie nicht »eingehen« soll, müssen wir uns um gleichbleibende »Temperatur«, um die Liebe zu ihm bemühen.
2. Ohne Wasser können die Fische nicht leben, sonst trocknen die Kiemenblättchen ein, mit denen die Fische atmen, und die Luftwege verstopfen: Wir brauchen die richtige Umgebung, in der genügend »Sauerstoff« (= Glaube) ist. Nur in der richtigen religiösen Atmosphäre fühlen wir uns an Leib und Seele wohl.
3. Fische leben gern in Gemeinschaft, in großen Familien. So können sie bei Gefahr gewarnt werden. Dieser Schutz wird jeden Sonntag hier angeboten in der Gemeinschaft der Pfarrgemeinde.

□ Stark verkürzt nach Max Huber, Erstkommunion feiern, Freiburg 1980, S. 27–34.

65. Das Brot, das wir brauchen

(ein Stück Brot)

Ein Kind ißt ein Stück davon. Wir erinnern uns: es wird dann im Magen verdaut, geht ins Blut über, hält den Körper gesund und gibt ihm neue Kraft (eventuell als Gegenbeweis die Geschichte vom Suppenkaspar aus dem Struwwelpeter: ». . . und war am fünften Tage tot.« Und viele Kinder sterben wirklich, nicht weil sie das Brot oder den Reis oder die Hirse verachten, sondern weil sie nicht die nötigste Nahrung bekommen.)

Aber wir brauchen noch ein anderes Brot, um leben zu können. Es gibt auch unter uns Kinder, die haben tolles Essen, mehr Taschengeld als andere, vielleicht einen eigenen Fernsehapparat, aber sie sind doch trauriger, einsamer, verschlossener geworden: sie hungern innerlich nach Liebe, Anerkennung, Freude, Lob, Vertrauen. »Der Mensch lebt nicht vom Brot allein!«

Jesu Liebe will wie das Brot sein: uns neues Leben schenken.

Evangelium: Lk 11,1–3 (Gib uns täglich das Brot, das wir brauchen).
Das Brot der Liebe sah Jesus als so wichtig an, daß er es als Testament kurz vor seinem Tod im Abendmahlssaal verteilte: als Zeichen seiner Liebe, als Zeichen der Liebe Gottes, das wir heute allen Menschen draußen zeigen.

□ Vgl. Hans Haas in »Prediger und Katechet« 4/1977, S. 554–57.

66. Brot von Gott

(verschiedene Brote: Laib Brot, Fladenbrot, Hostie)

Evangelium: Joh 6,33–35.41.51–56.66–69 (Wer mich ißt, wird leben . . .).
Das Brot ist Zeichen für das Leben, ein Lebens-Mittel, ein Mittel zum Leben . . . Jesus hatte solch ein Fladenbrot, wie es heute in Israel noch üblich ist: Wenn es zerteilt werden soll, wird es gebrochen. Jesus brach das Brot . . .
Im Abendmahlssaal sagt Jesus: Ich bin das Brot des Lebens. Die Menschen reagierten damals ablehnend (s. Evangelium). Auch heute sagen viele: »An Gott wollen wir schon glauben, aber was dieser Jesus will! In diesem Brot sollen wir seinen Leib erhalten – das ist nichts für uns.« Nicht essen wollen heißt auch: nicht verstehen, nicht glauben können. Wer sich für den Weg Jesu entscheidet, entscheidet sich auch für das Brot Jesu.

□ Nach Konrad Baumgartner in »Prediger und Katechet« 3/1978, S. 401–3; s. u. Nr. 132 »Brotpredigt«.

67. Heilmittel der Unsterblichkeit

(mehrere verschieden große Tabletten und eine Hostie)

(Diese Predigt eignet sich vor allem in einem Krankenhaus.)
Weißt du, wofür diese Tabletten gut sein sollen? Sie sollen Schmerzen wegnehmen, Krankheiten heilen, das Leben angenehmer machen. Diese Hostie hier, die noch nicht verwandelt ist, hat auch Tablettenform. Diese »Brot-Tablette« ist für uns Christen *das* Heilmittel. Die alten Christen nannten die hl. Eucharistie das »Heilmittel der Unsterblichkeit«: Medizin mit grenzenloser Wirkung.
Kommunion heißt Gemeinschaft. Wenn Christus uns diese Gemeinschaft mit sich schenkt, dann ist dies das stärkste Heilmittel, das es gibt. Und unsere Medizin und unsere Krankenhäuser würden sich stark verändern, wenn wir wirklich Kommunion einander gäben, nämlich Gemeinschaft miteinander und dadurch mit Christus.
Oft sind das Gespräch mit der Schwester und die Nähe des Arztes wichtiger als Tabletten und Spritzen. Zum Gesunden gehört auch: Besuch bekommen, ernst genommen werden, wichtig sein, eine Hand gehalten bekommen! In einer frohen Gemeinschaft leben wir viel schneller wieder auf.

In der Kirche ist uns grenzenlose Gemeinschaft angeboten: Christus hält uns mehr als nur an der Hand. Wenn wir seine »Brot-Tablette« essen, haben wir Gemeinschaft mit ihm und allen, die zu ihm gehören. Das kann uns verändern! Und wenn wir die Gemeinschaft der anderen um uns herum auch noch spüren, wachsen uns für die täglichen Aufgaben neue Kräfte. (Gerhard Dane, Köln)
Evangelium: Joh 15,1–5 (Bleibt mit mir verbunden).

68. Christusverbundenheit
(ein Kelch)

Dieser Kelch ist aus drei Teilen zusammengesetzt, die alle wichtig sind und die uns etwas darüber sagen können, wie Jesus ist.
1. Die *Schale.* Sie erinnert an offene Arme (vorspielen lassen) und an Jesus, der (mit ausgebreiteten Armen) sagt: »Kommt alle zu mir . . .« (Mt 11,28). Am Kreuz ist er auf diese Haltung festgenagelt worden.
Im Gleichnis vom barmherzigen Vater sagt Jesus uns: Auch mein Vater möchte alle heimholen in seine offenen Arme. – Auch wir sollen wie diese geöffnete Kelchschale sein: Ganz offen und bereit, aufzunehmen. So wie ihr heute betet: »Komm, Herr Jesus!« Erst wenn Jesus in der Gestalt des Brotes in mir ist, bin ich eine ganz kostbare Schale.
2. Der *Griff* (Knauf). Daran kann ich den Kelch gut festhalten. In Jesus ist uns Gott greifbar geworden, können wir Gott besser begreifen. Die Menschen haben Jesus gerne angefaßt, z. B. Mt 8,18–22, Heilung der Frau. Heute ist Jesus uns so nahe wie ein Stück Brot, das gegessen werden kann! So nahe kann uns nicht einmal die Mutter kommen.
3. Der *Kelchfuß.* Der muß schwer sein, damit der Kelch nicht umkippen kann. So sagt man von einem Menschen, der keine halben Sachen macht: »Den kann nichts umwerfen!« Solch ein Mensch war Jesus: Das haben Kranke, Verzweifelte . . . und die Jünger gespürt. Am verläßlichsten war Jesus, als er von den Toten auferstand. Verläßlich, standfest, treu – so sollt auch ihr sein!
Liebe Eltern: Halten Sie Ihr Kind offen wie diesen Kelch, indem Sie selbst für Christus offen bleiben. Heute ist Ihr Kind ganz ergriffen – lassen auch Sie sich von Jesus ergreifen, damit das Kind in Zukunft mehr von Jesus begreift. Machen Sie Ihr Kind nicht wankelmütig, indem Sie selbst in Sachen Glauben nur auf einem Bein stehen.
Evangelium: Mt 11,28 (Kommt alle zu mir . . .); Mt 9,18–22 (Heilung der Frau); Joh 6,68.69 (Petrus: Wir haben geglaubt und erkannt: Du bist Christus, der Sohn Gottes).

□ Ausführlicher: Max Huber, Erstkommunion feiern, Freiburg 1980, S. 46–49, mit sehr guten Begleittexten; s. auch weiter unten Nr. 92 »Kelch«.

69. Mit Jesus in gutem Kontakt
(eine Tischlampe)

Evangelium: Joh 20,24–29 (Jesus und Tomas); Mt 5,14–16 (Ihr seid das Licht); Mt 9,18–22 (Heilung der Frau).

Oh, sie brennt nicht (vgl. *133 Kinderpredigten,* Nr. 36)! Drei Dinge sind notwendig, damit sie brennt:

1. Die Stromquelle = Kraft, Leben. Das ist Jesus ... »Es ging eine Kraft von ihm aus und heilte alle« (Lk 6,19), wie auch die Frau geheilt wurde, die ihn berührte. Jesus sagt auch heute: Bleibt mit mir in gutem Kontakt, dann bleibt ihr stark für ein ganzes Leben (Apostel und Heilige sind für ihn sogar in den Tod gegangen).
2. Das Kabel = der Glauben. Dieses Kabel war nicht nur beim Apostel Tomas nach dem Karfreitag gerissen: »Jetzt ist alles aus!« Als er wieder »Mein Herr und mein Gott« sagen konnte, war das Kabel wieder geflickt. Jeden Sonntag seid ihr in die Gemeinde Jesu eingeladen, damit das Kabel mit dem Stecker fest mit der Stromquelle verbunden bleibt.
3. Die Birne = wir. Darum sagt Jesus: Ihr seid das Licht der Welt!

Liebe Eltern: Sie haben das »Wächteramt« für den Glauben Ihrer Kinder, daß keine »Mäuse« die Leitung durchnagen und für Kurzschluß sorgen. Dazu müssen natürlich manche den eigenen Wackelkontakt mit Jesus reparieren oder überhaupt den Stecker wieder einstecken. Denn die Kinder orientieren sich an Ihrem Glauben.

□ Ausführlicher: Max Huber, Erstkommunion feiern, Freiburg 1980, S. 36–39, mit guten Begleittexten.

70. Eine größere Liebe hat niemand
(Bild mit Pelikan)

Nach einer afrikanischen Sage hat sich der Pelikan seine Brust aufgepickt, um mit seinem Blut seine Jungen zu ernähren. Das tat er in großer Sorge um seine Jungen, die zu verhungern drohten, weil das ganze Land unter einer großen Hungersnot litt. Als die Hungersnot vorüber war, konnten die Jungen gekräftigt ins Leben hinausfliegen, der alte Pelikan aber mußte sterben. Er hatte sein Bestes an seine Jungen verschenkt.

Diese Sage erinnerte die Christen an Jesus, der auch sein Leben für seine Freunde gab. So wurde der Pelikan zum Symbol für Christus.

Evangelium: Joh 15,13 (Eine größere Liebe hat niemand, als wer sein Leben für seine Freunde hingibt); oder Lk 22 (Mein Blut, für euch vergossen).

Auf einem Papierteppich im Mittelgang lassen sich die Pelikane gut aufkleben. Auf jedem jungen Pelikan steht der Name eines Kommunionkindes: Jesus schenkt heute sein Leben, sein Blut, unter den Zeichen von Brot und Wein. Vielleicht ist auch noch ein

Hinweis auf das heutige Blutspenden angebracht, das vorübergehend schwach und kraftlos machen, aber Frischoperierten und Unfallverletzten neues Leben schenken kann.

□ Heriburg Laarmann in einem ausformulierten Gottesdienst in »Gottesdienste mit Kindern und Jugendlichen« 4/1980.

Beachten Sie auch das japanische Märchen von Oscho (»Exodus«. Unterrichtswerk für den kath. Religionsunterricht in der Grundschule, hg. v. Dt. Katechetenverein München, München/Düsseldorf 1974, Heft 2, S. 38): Um seine sterbende Mutter zu retten, taut er mit der Wärme seines Oberkörpers die Eisdecke auf und fängt einen Fisch (Symbol des Fisches!), dessen Fleisch die Mutter wieder gesund macht.

71. Mit Christus verbunden bleiben
(ein Pfirsich oder ein Apfel)

Dieser Pfirsich sieht nicht nur schön aus, er schmeckt auch gut. Er will uns eine Geschichte erzählen: »Ich hing mit vielen Brüdern und Schwestern am Baum. Die Sonne erwärmte, der Regen erfrischte uns, der Wind schaukelte uns hin und her. Wir träumten von der weiten Welt. Einem meiner Brüder dauerte es zu lang, er wollte jetzt schon Abenteuer erleben. Wir warnten ihn, aber er sprang vom Baum ab. Während wir immer größer und bunter wurden, wurde er kleiner, häßlicher; er faulte und starb schließlich – weil er sich vom Baum und von uns Pfirsichen getrennt hatte.«
Ohne Verbindung mit dem Stamm (= Christus) kann keine Frucht reif werden.
Evangelium: Joh 15,4–8 (Weinstock – Reben).
Beachte auch die Geschichte »Die Tür schlug zu« von Hanna Hanisch, in: Wie wir Menschen leben, Bd. 4, Freiburg [9]1980, S. 72f: Die Trennung der Eltern bedeutet Zerreißen und »Tod«.

□ Heriburg Laarmann in einem ausformulierten Gottesdienst in »Gottesdienste mit Kindern und Jugendlichen«, Sept. 1979.

72. Sich anstecken lassen
(eine Kerze und die Osterkerze)

Evangelium: Joh 20,24–29 (Jesus und Tomas).
Diese Kerze hier ist der Tomas. Er war kalt und hart wie dieses Wachs. Er ging einfach nicht nahe genug an den auferstandenen Herrn heran; er blieb auf Distanz, auf Abstand. (Mit der Kerze in der Hand Tomas vor der Osterkerze spielen!)
Doch schließlich gibt Tomas sich einen Ruck und stößt zur Gemeinschaft der Jünger.

Jesus nähert sich ihm: Tomas wird »angezündet«: Mein Herr und mein Gott! (Kerze anzünden!) Er wird leuchtend; er wird warm.
So sind auch viele Menschen heute hier in der Kirche, die sich zum ersten Male wieder in die Nähe der Jünger trauen: Es hängt jetzt alles davon ab, wie nahe sie sich heranwagen. Bleiben sie auf Abstand oder lassen sie sich anstecken von dem Auferstandenen und seinem Licht? (Gerhard Dane, Köln)

73. Eine Erstkommunionkerze erzählt

(eine Kerze; zur Veranschaulichung durchschneiden)

Bei der Taufe trug der Pate eine ähnliche Kerze: Anfang unseres Lebens mit Jesus. Heute ist die Kerze Zeichen der Freude, weil Jesus uns zum heiligen Mahl eingeladen hat. Ostern sagt die mächtige Kerze: Jesus ist auferstanden.
Ich habe diese Kerze einmal durchgeschnitten: Damit das Licht = Jesus brennen kann, braucht es Nahrung: das *Wachs.* Dieses Wachs spricht zu uns: »Ohne mich geht nichts. Wenn die Flamme mich berührt, werde ich ganz flüssig, nähre ich die Flamme: ich gebe mich hin an das Licht.« Wie das Licht dem Wachs, so ist uns Jesus ganz nahe gekommen. Wir können schmelzen, uns ganz mit seinem Licht verbinden. Liebe und Glaube sind das Wachs der Christen, damit Jesus in uns brennen kann.
Der *Docht* erzählt: »Ich bin sozusagen das Rückgrat der Kerze. Ich darf nicht abreißen, damit das Licht ununterbrochen brennt. Ich muß rein und sauber sein, daß es nicht flackert. Ich darf auch nicht naß werden, sonst verlöscht es.« Wir Christen sind wie Dochte, die in Treue das Licht festhalten, damit es weiterbrennt.
Liebe Eltern! Dieses Licht im Leben Ihres Kindes darf nicht mehr verlöschen. So wie das »ewige Licht« am Tabernakel immer nachgefüllt wird, damit es »ewig« bleibt, so ist das Kind von Ihrem Eifer, Glauben und Ihrer Liebe zu Jesus weithin abhängig. Wie es im Evangelium heißt: Ihr Licht muß vor den Kindern leuchten, damit sie für Jesus »Entflammte« bleiben.
Evangelium: Joh 12,46 und Mt 5,14–16 (Ich bin das Licht – ihr seid das Licht).

□ Ausführlicher: Max Huber, Erstkommunion feiern, Freiburg 1980, S. 61–65, mit guten Begleittexten.

74. Das Licht des Glaubens soll weiterbrennen

(die eigene alte Erstkommunionkerze)

Evangelium: Mt 5,14–16 (Euer Licht soll vor der Welt leuchten).
Die brennenden Kerzen in euren Händen haben mich meine eigene Erstkommunionkerze suchen lassen; aus einer alten, vergilbten Schachtel habe ich sie geholt. Sie ist nur

wenig abgebrannt. Ich mußte an den Tag damals und all die zurückdenken, die mit mir zur Erstkommunion gegangen sind. Was ist aus meinen Schulkameraden geworden? (Einer ist reicher Direktor – denkt er noch an seine Erstkommunion? Ein Nachbarmädchen – verheiratet, vier Kinder, der Mann lebt mit einer anderen Frau zusammen. Ein Schulkamerad wurde vom Auto totgefahren . . .)
Die Kerze fragt auch mich: Liebst du Gott noch so wie damals? Kannst du noch hell und froh machen, Wärme geben, Wege zeigen – oder bist du müde geworden?
Die Erstkommunionkerze ist Zeichen für unsere Botschaft, mit Jesus zu gehen, ihm zu vertrauen. Wenn Jesus in ein paar Wochen noch Mittelpunkt für dein Leben ist, dann ist dieser Tag heute nicht umsonst.
Liebe Eltern! Die Kerze soll nicht bloß Erinnerung sein, sondern Anruf: Ist das Licht meines Glaubens in den Stürmen des Lebens verlöscht? Die Kerze ist von neuem entzündbar, damit andere unseren Glauben und unsere »guten Taten sehen und den Vater preisen, der im Himmel ist« (Mt 5,16)!

□ Vgl. Konrad Baumgartner in »Prediger und Katechet« 3/1977, S. 436–38; auch in »Prediger und Katechet«, Kasualpredigten 2, München 1980, S. 70–72.

Andere Ideen

1. *Eine Spirale.* Wir alle sind »religiös unterwegs«. Einige sind mit der Gnade Gottes vielleicht nahe der Mitte, die Jesus Christus selber ist. Andere stehen noch draußen und suchen nach dem Eingang. Wieder andere sind auf dem Weg zur Mitte, andere auch auf der Flucht vom Innern der Spirale wieder nach außen . . .

□ Kardinal Höffner im Fasten-Hirtenbrief 1978: »Unsere Verantwortung für die der Kirche Entfremdeten«, also dort die Spirale in Bezug auf die Pfarrgemeinde.

2. *Ein Kletterseil:* Vgl. das Titelbild der »Komm«-Mappe, Einführung in den Kommunionunterricht: ein Junge im Berg, vom Seil gehalten. Wir müssen uns schon anstrengen und mitmachen, um den Berg zu erklettern, aber Jesus als dem erfahrenen Bergführer dürfen wir vertrauen.

3. *Ein Spiegel,* mit dem folgende Geschichte veranschaulicht wird: Zu einem Priester kam ein Mann, der sich über den Glauben lustig machen wollte, und fragte: »Wie kann derselbe Christus gleichzeitig in allen euren Kirchen zugegen sein?« Da nahm der Priester einen Spiegel und ließ ihn hineinschauen. Dann warf er den Spiegel zu Boden (na!) und sagte: »Auch in jedem einzelnen Stückchen kannst du dein Bild jetzt gleichzeitig sehen!« (Vgl. *Kommuniongeschichten,* S. 80)

4. Siehe das Modell »Mit Jesus verbunden sein« (ein Blatt) in diesem Buch in der Einleitung.

5. Andere Zeichenpredigten dazu s. *133 Kinderpredigten,* S. 53–58: Straßenbahn, Tischlampe, Lokomotive mit vielen Wagen, Wohnzimmerpflanze, Kommunionkleid – Brautkleid, Ähre – Schnitte – Brothostie, Weintraube – Flasche – Wein.

Zeichenpredigten zum Pfingstfest

75. Die Kirche wird geeint durch die Kraft des Gottes-Geistes

(ein Puzzle mitbringen oder ein Bild vom Heiligen Geist, in Einzelteile zerschnitten)

Lesung: Apg 2,1–11: Die verschiedenen Völker verstehen die Worte der Apostel.
Wie die Teile dieses Puzzles hier durcheinander liegen, so liefen damals die Menschen aus aller Welt durch Jerusalem. Der Geist Gottes bringt sie zur Einheit. (Jetzt setzen Kinder das Puzzle an einer Flanelltafel zusammen; es kann auch an den Turmbau von Babel erinnert werden: Egoismus und Eigensinn brachten die Menschen auseinander.)
Jesus sagt: Diese Kraft des Geistes Gottes wird euch zusammenhalten und stark machen; sie treibt zum Gutsein, zum Verzeihen, zum Helfen und zum Glauben an Gott. Ohne ihn fällt das Puzzle, fällt die Kirche wieder auseinander. Jeder von uns hier ist wichtig: daß wir da sind und daß wir mit den anderen zusammenhalten im Reden und Tun.

□ Vgl. Konrad Baumgartner in »Prediger und Katechet« 3/1977, S. 428–30.

76. Ohne Gottes Geist treten wir auf der Stelle

(ein Fahrrad mit und eins ohne Kette)

Ein Kind versucht, mit dem Fahrrad ohne Kette zu fahren. Warum gelingt es nicht? Wir schauen uns die Kette an dem anderen Fahrrad genauer an: sie besteht aus vielen Gliedern. Wenn nur ein Glied ausfällt und die Kette reißt, geht es nicht weiter.
Evangelium: Mt 28,19f (Tauft alle), Joh 15,5–7 (Seid Freunde untereinander).
Wenn wir uneins sind, in Einzelteile zerfallen, bleibt uns nur die Möglichkeit zu reparieren, wenn wir vorwärts kommen wollen. Nur dann überzeugen wir andere und können sie auf dem Sattel mitnehmen, wenn wir eine einzige frohe Gemeinschaft sind: dafür hat uns Jesus den Beistand, den Helfer, den Heiligen Geist gesandt.
Lesung: Gen 11,1–9 (Turmbau zu Babel: die Kette zerreißt); Apg 2,1–11 (Die verschiedenen Glieder der Kette = Völker werden wieder zusammengefügt).

□ Pfarrverband-Nord, St. Christophorus, Oldenburg. Ähnlich Jürgen Moltmann und Anton Kner in »Prediger und Katechet« 3/1977, S. 430f.

77. Rundum-Erneuerung

(ein alter Reifen, auf den ein neues Profil geschweißt ist)

Ihr habt schon davon gehört: Ist das Profil abgefahren, brauche ich den Reifen nicht fortzuwerfen . . .
Ähnlich sind Firmung und Pfingsten immer eine Rundum-Erneuerung, eine Vertiefung und Weiterführung der Taufe. Vieles in uns nutzt ja langsam ab: Die Glaubenswahrheiten sind verflacht, Gebete und vermeintliche Nächstenliebe so zur Routine geworden, daß kaum noch etwas richtig griffig ist. Wir brauchen ein neues Profil, um in gefährlichen Situationen Halt zu haben. Denn wie leicht drehen Räder ohne Profil in Schnee und Matsch, in glitschigen Situationen durch! Wir sollen aber auch da Raum gewinnen, apostolisch sein, überzeugen. Vier Räder hat der Wagen; keiner von uns ist das fünfte Rad, jeder wird gebraucht an seiner Stelle. Aber auf ihn muß auch Verlaß sein. Jeder sollte auf sein Profil achten als Christ und Persönlichkeit. (Albert Hopmann, Düsseldorf)

78. Geistsendung

(eine Taube mit Heiligenschein als Bild, auf Gewändern oder als Gegenstand, z. B. an alten Kanzeln)

Schon seit alter Zeit war die Taube nicht irgendein Vogel für die Menschen. Brieftauben bringen Botschaften über oft erstaunliche Entfernungen (über 1000 km) und schaffen auf diese Weise *Verbindung*. Die Taube mit dem Ölzweig im Schnabel ist ein uraltes Friedenszeichen (siehe Bilder von Noah in der Arche, dem die zurückkehrende Taube das Ende der Katastrophe anzeigt). Für die Christen wurde die lautlos niederschwebende Taube zum Bild des *Gottesgeistes*, der sich ohne Lärm, fast unauffällig auf Menschen niederläßt.
So wünsche ich euch zu Pfingsten

1. Gespräche, die Verbindung schaffen, auch wenn der andere noch so weit entfernt zu sein scheint;
2. Zeichen und Gesten, die Frieden ausdrücken, auch wenn sie noch so klein sind;
3. eine neue *Be-geist-erung* für Jesus und seine Gemeinde, auch wenn sie manchmal nur sehr still in uns spürbar ist.

□ Nach Ulrich Katzenbach, »Miteinander« 21/1980, Pfarrbrief Glessen/Büsdorf.

Evangelium: von Pfingsten.

79. Der Wind treibt uns voran
(ein Segelschiffchen)

Wenn der Wind in diese Segel bläst, gleitet das Schiff schnell voran. Diese Kraft, die mich (= das Boot) vorantreiben kann, ist unberechenbar: der Wind (= der Hl. Geist) weht, wo und wann er will. Manchmal kommt er ganz unvermutet; ich kann ihn nicht in den Griff bekommen. Dieser Kraft muß ich mich anvertrauen, mich von ihr ergreifen lassen.
Der Mast ist fest. Er leitet die Kraft des Windes in das Schiff. Unsere Segel müssen richtig stehen, sonst kann der Wind sie nicht erfassen. Die Segel sind unsere Sinne, die sehen – und doch nicht sehen, hören – und doch nicht hören, wenn sie nicht richtig ausgerichtet sind. Wenn kein Wind weht, muß ich warten können (= geduldig sein). Das Steuer hinten am Schiff ist wichtig: ich darf nicht in jede Richtung fahren, wenn der Wind in meinen Segeln bleiben soll.
Ich will mich dem Wind, dem Geiste Gottes, ganz anvertrauen, auch wenn ich mir manchmal für die Fahrt eine andere Richtung wünsche; denn wenn Jesu Geist mich ergreift, führt er mich ins wahre Leben.
Evangelium: Apg 2 (Lesung von Pfingsten).

□ Stark verkürzt nach der empfehlenswerten Dia-Meditation Nr. 16 von Fritz Fischer / Elmar Gruber, Impuls-Studio GmbH, Ottweilerstr. 3, D-81737 München.

Ein Segelschiff muß einen tiefen Kiel haben und breit genug sein (= der Mensch muß Tiefgang haben, nicht zu leicht beeinflußbar sein), damit es bei einem Sturm nicht sofort umkippt. Ist es zu eng gebaut, bricht es auseinander. (Albert Hopmann, Düsseldorf)

□ Vgl. *133 Kinderpredigten,* »Der Heilige Geist treibt uns voran«, Zeichenpredigt Nr. 50, S. 67f, und S. 70 »Andere Ideen«, Nr. 1.

80. Der Geist Gottes ist wie Wind
(eine Pusteblume)

Lesung: Apg 2,1.2: Das Pfingstereignis
Die kleinen Fäden auf der Pusteblume sind wie Fallschirme, an denen das Samenkorn (= Wort Gottes) hängt, aus dem eine neue Blume entstehen kann. Der Wind (= Hl. Geist) muß kommen, um die Samenkörner auseinanderzutreiben, damit alle genug gute Erde haben. Wir sind die Fallschirme: der Same, das Wort Gottes muß durch uns gleichsam Flügel bekommen.

□ Ausführlicher in: Werenfried Wessel, Mit Kindern den Glauben feiern, Familiengottesdienste, Freiburg 1981, S. 56.

81. Der Geist des Herrn erfüllt den Erdkreis

(eine Weltkugel)

(Etwa 1000 m Sisalkordel um einen Dekorationsluftballon von ca. 80 cm Durchmesser spannen und mit Tapetenkleister beschmieren. Wenn die Kugel getrocknet ist, den Luftballon, aus dem die Luft gelassen ist, herausziehen; eventuell die Konturen der Kontinente ausschneiden oder nur eine große Zeichnung der Erdteile.)
An diese große Weltkugel werden Sonntag für Sonntag Bilder gehängt, dazu jeweils eine Efeuranke, eine Kerze und eine Blume (in ein kleines Röhrchen mit Wasser gesteckt) befestigt, die das Wirken des Geistes Gottes in dieser Welt durch uns symbolisieren: Statt Streit den Frieden möglich machen, *Evangelium:* Joh 14,15–17. 23–26 oder 16,7.8.12–13 (Wenn der Heilige Geist kommt, wird er die Welt erneuern . . .); statt Ungerechtigkeit mehr teilen, *Lesung:* Apg 4,32–37 (Gütergemeinschaft der Urgemeinde); Jak 2 (Ausschnitte: Verhalten gegenüber Reichen und Armen); statt Trennungslinien unter Nationen, Rassen und Religionen Brücken bauen, *Evangelium:* Mt 7,1–7 (Vom Richten) oder Lk 18,9–14 (Pharisäer – Zöllner).
Beim Gottesdienst am Pfingsttag selbst können Zeichen der Hoffnung, wie Blumen, Kerzen, Efeuranken, den Teilnehmern gegeben werden, damit, wenn wir uns für den Heiligen Geist genug öffnen (= begeistert sind, Feuer fangen), die Welt »grüner« (= Efeu) und heller und wärmer (= Kerzen) wird und Friede, Freundschaft, Freude (= Blumen) wachsen.

□ Ulrich Hinzen in vier ausformulierten Gottesdiensten in »Gottesdienste mit Kindern und Jugendlichen«, 5 und 6/1979.

82. Untereinander und mit Gott verbunden

(ein Wollknäuel)

Eine Gruppe Kinder sitzt im Kreis. Ein Wollknäuel wird hin und hergeworfen. Schließlich hat jedes Kind den Faden in der Hand, der Gottesdienstleiter Fadenanfang und Knäuelende. Die Kinder können sich äußern: Wir alle sind irgendwie miteinander verbunden. Als Christen durch Jesu Geist mit der Taufe . . . Läßt ein Kind seinen Faden los, wird die Verbindung zu anderen lockerer . . .
Die Fäden werden zerschnitten = Streit. Sie werden wieder zusammengeknüpft = verzeihen.
Evangelium: Mt 18,21–35 (Von der Pflicht zur Vergebung; der unbarmherzige Gläubiger).

□ Vorschlag: St. Bonifatius, Oldenburg, »Kindermeßbörse« Nr. 23; ein ähnlicher Ansatz, aber weiterführend: Kurt Bucher, Modelle für Schulgottesdienste, Luzern 1978, S. 158f (zum Schulanfang). Eine unfassendere Meditation dazu in Willi Hübinger, Nicht hoffnungslos, München 1980, S. 58f.

83. Der Anstoß

(eine Reihe Domino-Steine; eventuell für jeden Teilnehmer ein Domino-Stein mit Faden als Halsschmuck und Erkennungszeichen)

Auf dem Altar oder einem Tisch sind große Dominosteine hintereinander aufgebaut. Der erste Stein (= du oder ich) wird angestoßen (= den 1. Anstoß gibt Gottes Geist zu Pfingsten), und die Kraft überträgt sich auf alle anderen. So sollte es auch in einer Gemeinde sein:

Lesung: Röm 12,9–21 in Auswahl (Freut euch mit den Fröhlichen und weint mit den Weinenden . . .); Phil 2,1–4 (Seid *eine* Gemeinschaft des Geistes).

Ja, wir sollen eine richtige Domino- (= für den Herrn – in der Übersetzung) Gemeinde sein. Dazu schrieb Joe Hirsch ein schönes Lied: »Komm, wir spielen Domino«.

□ Vgl. Pfeil/Bouwmans in »Kindermeßbörse« Nr. 34; Hildegard Aengenheyster in einem ausformulierten Gottesdienst in »Gottesdienste mit Kindern und Jugendlichen« 1/1980 (hier auch Text und Melodie des Domino-Liedes). Dieser Gottesdienst kann auch zum Pfarrfest auf den entsprechenden Heiligen übertragen werden.

84. Lauf-Feuer

Auf einem Balken werden der Reihe nach Streichhölzer angeklebt. Die Streichhölzer stehen so dicht nebeneinander, daß das Feuer von Streichholzkopf zu Streichholzkopf überspringen kann.

Feuer leuchtet nicht nur und erwärmt wie diese Altarkerzen, Feuer kann auch laufen: (das erste Streichholz auf dem Balken wird entzündet) es springt von Kopf zu Kopf. So flink läuft auch eine Nachricht (Banküberfall, Verkehrsunfall, Sonderangebot) von Mund zu Mund. Nicht alles wird so weitergegeben: es muß schon wichtig, überraschend, neu sein.

Als Jesus auftrat und Wunderbares sagte und tat, war das für die Menschen »brandneu«, alarmierend, überraschend. So ging seine gute Nachricht wie ein Lauffeuer durch Galiläa, Samaria und Judäa. Ja, sie kam bis zu uns: Jesus ist nicht am Kreuz gescheitert, er ist von den Toten auferstanden. Um uns herum gibt es noch genug Menschen, die wir noch entzünden können!

Evangelium: Auferstehungsbericht, z. B. Mk 16,1–8; Lk 12,49–53 (Ich bin gekommen, um auf der Erde ein Feuer anzuzünden).

□ Nach Johannes Haas, »Prediger und Katechet« 5/1980, S. 633–35.

85. Auf den Atem kommt es an

(eine Blockflöte)

Du mußt schon fingerfertig sein, um dieses Instrument richtig zu beherrschen. Und doch ist das noch nicht alles. Schau in die Welt: wie »fingerfertig« die meisten sind; einer will den anderen übertrumpfen, will die Löcher noch schneller öffnen und schließen. Aber wenn der Atem nicht durch die Flöte geht, kommt kein Ton heraus.
Und so erscheint heute vielen die Welt: eine ungeheure Geschäftigkeit und Bewegung; aber kommen schönere Töne dabei heraus? Der Geist Gottes muß durch die Flöte, durch diese Welt! Du siehst ihn nicht, aber er allein kann das Eigentliche schaffen . . .
(Gerhard Dane, Köln)
Evangelium: Pfingstbericht (Apg 2).

Andere Ideen

1. *Kinetische Energieübertragung:* Es muß jemand da sein, der die erste Kugel in Bewegung setzt. So gibt Pfingsten den Anstoß durch den Heiligen Geist. Das wird auf Beispiele des Alltags übertragen: Wo können wir Christen den ersten Anstoß verursachen?

□ Pfeil/Bouwmans in »Kindermeßbörse« Nr. 34.

2. *Verschiedene Nationalflaggen* (= verschiedene Völker) aus einem Kindergartenspiel mitbringen. Fast alle Menschen in Europa z. B. sind auf Christus getauft. Sie alle könnten schon eins sein durch den Heiligen Geist. (Europa-Gedanke)

3. *Ein Feuerzeug oder ein Streichholz.* Diese kleine Flamme, was könnte sie alles bewirken? (Ähnlich wie die Fahrt mit dem Auto durch kleine Funken ermöglicht wird.)

□ Siehe Heinz Janssen, Im Laufe eines Jahres, Kindergottesdienste im Grundschulalter, Kevelaer 1976, S. 66.

4. *Eine Idee zur Darstellung des Geheimnisses der Dreifaltigkeit:* eine brennende Kerze (Flamme = Gott Vater) vor einem Spiegel. Die reflektierte Flamme (= Jesus); der von beiden Lichtquellen ausgehende Lichtschein (= Heiliger Geist). Dazu ein Gegenstand (z. B. ein mit Durchschlagpapier überklebter Spiegel), der den Schein der Kerze nur schwach reflektiert (= wir Menschen).

5. *Weitere Zeichenpredigten* dazu in *133 Kinderpredigten*, S. 66–71: ein Stück grobes Eisen, glühende Kohle, ein Segelschiff, ein schmutziges Stück Glasscheibe, ein Sprechspiel und sieben weitere Ideen.

6. *Christus in der Welt bezeugen* (ein Gefäß mit Chrisam); s. u. Nr. 110.

7. *Sich anstecken lassen* (eine Kerze und die Osterkerze); s. o. Nr. 72.

Sonntage im Jahreskreis – I. Gemeinschaft

86. Zusammenhalten

(ein Mühlrad – als große Zeichnung oder Dia)

Zuerst wird eine Geschichte erzählt, die auch die Funktionen des Mühlrades erklärt: Das Wasser des Baches plätschert in die Schaufeln des Rades, bringt alles in Bewegung und mahlt das Getreide. Im Zuge der Zeit wird die Mühle auf Stromerzeugung umgestellt und versorgt das ganze Dorf (zweihundert Einwohner) mit Strom. Eines Nachts geraten die Speichen, die Schaufeln, die Nabe und die Hölzer des Mühlrades in Streit, weil jeder eigentlich etwas anderes tun möchte: an einem Wagen sitzen, der über Straßen fährt; zu einer Windmühle gehören usw. Schließlich bricht das alte Mühlrad mit lautem Krach auseinander: die Leute tappen im Dunkeln.
Jetzt kann man diese Geschichte auf verschiedene Bereiche übertragen:

1. Was sagt dieses Bild über eine Gemeinde aus? (Alle müssen die große Linie einhalten, wenn Licht erzeugt werden soll.)
2. Was sagt dieses Bild über die Weltkirche aus? (Die getrennten christlichen Konfessionen haben die Kirche Christi unglaubwürdiger gemacht.)

Zum Schluß stellen sich Kinder zur Eucharistiefeier im Kreis um den Altar und geben sich die Hände: der Altar (= Jesus) ist die Mitte, die Achse des Rades; wir sind die Schaufeln.

□ Vgl. Reiner Schmidt in einem ausformulierten Gottesdienst: »Prediger und Katechet« 5/1974, S. 697–700.

Lesung: Apg 2,42–47 (Das Leben in der Urgemeinde); 1 Kor 12,12ff oder 3,3–8 (Leib – Glieder).
Evangelium: Joh 15,1–5 (Weinstock – Reben).

87. Brenne, egal wo du stehst!

(unterschiedlich große und schöne Kerzen)

Diese reich verzierte und in die Augen fallende Kerze hier könnte sagen: Was bin ich doch feiner und glücklicher als diese Kerze da, die eben nur eine Kerze ist, die zwar im Notfall eine Ecke ausleuchtet; aber auf einem festlich und reich gedeckten Tisch kommt meine Schönheit voll zur Geltung.
Vielleicht fühlen auch wir uns manchmal in einer Gemeinschaft wie ein Licht, das ganz unbeachtet in einer Ecke leuchtet. Aber Licht ist Licht! Wenn wir brennen, erleuchten

und wärmen, erfüllen wir unsere Aufgabe an der Stelle, die uns zugedacht ist. Andere haben vielleicht mehr Fähigkeiten von Gott mit auf den Weg bekommen, von ihnen wird auch einmal mehr abverlangt. Aber das, was wir mitbekommen haben, sollen wir vorzeigen. Dann erfahren wir genauso viel Glück und Befriedigung wie die großen Lichter.

Lesung: Gal 3,26–29 (Wir alle sind eins durch Christus).

Evangelium: Mt 5,14–16 (Laßt euer Licht vor den Menschen leuchten).

Dazu paßt das Märchen »Die Lichter« von Hans Christian Andersen, in: Dietrich Steinwede, Das Hemd des Glücklichen, Gütersloh 1976, S. 78–80, oder auch folgende Geschichte:

Ein alter Rabbiner mit Namen Sussja sagte: »Wenn ich einmal drüben auf der anderen Seite ankomme, wird man mich nicht fragen: ›Warum bist du nicht Mose gewesen?‹ Man wird fragen: ›Warum bist du nicht Sussja gewesen?‹«

88. Das Netz, das jeden hält
(ein Netz)

Evangelium: Lk 5,1–11 (Von jetzt an wirst du Menschen fangen).

Mit dem Netz (= Wort Gottes) sollen wir wie Petrus und später die Apostel heute Menschen »fangen«. Unser Glaubensbekenntnis ist ein festes Netz aus vielen Maschen, das jeden halten kann, der sich auf den Glauben an Jesus und das Wort Gottes einläßt. Oft ziehen Leute mit falschen Netzen los. Das vermeintliche Wort Gottes wird zum negativen Netz, zum Fallstrick für viele junge Menschen (= Jugendreligionen . . .). Jede christliche Gemeinschaft (Klasse, Gruppe, Gemeinde) sollte wie ein stabiles Netz aus guten Worten und Taten sein, das jeden hält. Und wenn eine Stelle gerissen ist, müssen wir kurz Halt machen, um es zu flicken, damit keiner durchfällt.

□ Albert Hopmann, Düsseldorf; s. u. Nr. 103, »Im Netz der Liebe«.

89. Unsere Worte – was richten sie an?
(ein Telegramm)

Wenn du so ein Telegramm aufgibst, wird jedes Wort gezählt und berechnet. Darum knobeln wir herum, mit möglichst wenig Worten eine klare Nachricht weiterzugeben. Dazu steht etwas Interessantes in der Bibel:

Evangelium: Mt 12,35–37 (Jedes unnütze Wort, das wir reden, müssen wir am Tage des Gerichts verantworten).

Darum ist es gut zu überlegen, ob die guten oder bösen Worte bei uns überwiegen . . .

Schlechte Worte sind wie Stiche, wie Stacheln, die verletzen. Unwahre Worte vergiften die Atmosphäre ebenso wie heuchlerische. Leere Worte, hinter denen keine Tat steht, machen unglaubwürdig. Sie zerstören langsam jede Gemeinschaft. Gute Worte sind so lebensnotwendig wie Essen und Trinken. Wieviele hungern danach! Anerkennende Worte schaffen neue Verbindungsbrücken des Vertrauens. Lobende Worte sind wie bunte Schmetterlinge, die unser Leben verschönern. Gütige Worte sind wie Balsam für die Seele. Worte des Glaubens lassen Jesus in dieser Welt wachsen.
Auf diesen Grundlagen lassen sich starke Gemeinschaften aufbauen, in denen sich jeder wohlfühlen kann.
Kleine Aktion: In den Telefonkabinen hängen Schilder mit der Aufschrift: »Fasse dich kurz.« Malt Schilder, auf denen steht: »Deine Worte – was richten sie an?« und hängt sie darunter! Vielleicht gehören sie auch in jeden Gruppenraum!

□ Vgl. Kurt J. Bucher, Modelle für Schulgottesdienste, Luzern 1978, S. 21–30.
Ähnlich: Ein Kissen mit Bettfedern ausschütten (möglichst im Freien). So schwierig es ist, alle Federn wieder einzusammeln, so gefährlich ist für eine Gemeinschaft die üble Nachrede. (Nach Philipp Neri)

90. Wir gehören zusammen (Ökumene)

(zwei große Rosen)

Nur eine Rose ist sichtbar. Sie wird gezeigt und darf bewundert werden: eine herrliche Blume! Was meint ihr, wieviele Blätter hat sie? Der Prediger zupft jetzt ein Blütenblatt nach dem anderen ab und läßt es zu Boden fallen. Die Kinder dürfen ruhig mitzählen (es sind sehr viele Blütenblätter!), oder sie können neugierig gemacht werden, worüber eigentlich gepredigt werden soll. Schließlich: Jetzt haben wir zwar viele Blätter, aber keine Rose mehr. Schade, sie war so schön! Jedes einzelne Blatt für sich genommen ist lange nicht so schön wie alle zusammen in der einen Rose!

So ist es auch mit uns Christen. Jeder von uns mag in Ordnung sein, aber eine große Gemeinschaft ist viel schöner. Die Blätter sind nicht alle gleich groß. Aber eines schützt das andere. Alle sind um dieselbe Mitte herum zusammengefügt, um den Stempel = Christus.
Die über 300 christlichen Konfessionen müssen einander schützen, zusammenhalten und sich um die Mitte verbinden. Was die Spaltungen bewirkt haben, seht ihr hier auf dem Boden: Wie soll die Welt erkennen, daß Jesus alle rettet? Darum stelle ich eine schöne Rose (die zweite) hier auf den Altar, damit wir sehen, *wie* wir sein sollen.
Evangelium: Joh 17,20–23 (. . . daß alle eins seien).

□ Verkürzt und verändert nach Peter Gohn, »Prediger und Katechet« 6/1971, S. 423f.

Andere Ideen

1. Ökumene – Gemeinschaft aller Christen. Jeder Teilnehmer bekommt am Eingang einige Weizenkörner. Mit so wenigen Körnern, wie sie jetzt jeder hat, kann man wenig anfangen. Legen wir aber alle zusammen, könnten wir ein Brot daraus backen. – Einzeln können auch die Christen wenig ausrichten. Deshalb sollten sich alle Christen wieder zusammenfinden in *einer* Kirche. Wie Jesus schon betete: Joh 17,20–23 . . . daß alle eins seien.

□ Pfarre Christi Verklärung, Köln-Heimersdorf. Ausführlicher in »Kindermeßbörse« Nr. 38.

2. Gemeinsam geht es besser (ein Bündel mit Stöcken, die einzeln leicht, als verschnürtes Bündel aber nicht zu zerbrechen sind). Dieses bekannte Beispiel aus der Antike (Ein sterbender Vater ruft seine Söhne zusammen: »Versucht, dieses Bündel zu zerbrechen!«) kann auf alle Ereignisse angewandt werden, die mit Gemeinschaft zu tun haben: Fußballmannschaft (die Alleingänge einzelner Spieler machen es dem Gegner meist leicht), Hausaufgaben (allein verfällt man leichter Fehlern: vier Augen sehen besser als zwei), Freundschaft (Gemeinsames bringt mehr Freude). Das weiß auch Jesus:
Evangelium: Joh 17,20–21 (Daß sie alle eins seien).
Lesung: 1 Kor 12,12ff (Leib – Glieder).
Kirchen, die voneinander getrennt handeln, sind zu schwach, ja, sie werden zum Ärgernis in dieser Welt.

□ Nach Heribert Arens, »Prediger und Katechet« 1/1979, S. 164-66; vgl. auch *Wir freuen uns auf die Predigt,* S. 82.

3. Einen Stein hat jeder Teilnehmer in der Hand: Ich kann ihn anderen in den Weg legen, aber auch holprige Wege ausbessern; kann damit Fensterscheiben einwerfen, aber auch Häuser bauen. Wir als lebendige Steine müssen uns einfügen lassen in den gemeinsamen Bau, dann tragen wir mit. Dazu gehört auch, daß wir uns behauen, bearbeiten lassen, bis wir ein brauchbarer Stein sind. Wir müssen nicht gleich Edelsteine werden.

Lesung: 1 Petr 2,4–8 (Der lebendige Stein im geistigen Haus).

□ Verkürzt nach Gerhard Eberts, »Bildpost« vom 11. 9. 77; s. auch oben Nr. 28 »ein Backstein« und nach Nr. 44 Idee Nr. 15; ebenso *Wir freuen uns auf die Predigt*, S. 46f, »Eine Mauer aus einzelnen Steinen«.

4. Diese *Büroklammer* kann Blätter zusammenhalten. Wenn ich sie aber verbiege, kann sie zur Waffe werden, mit der ich anderen wehtun kann. Auch in uns spüren wir die Kraft zu beiden Richtungen. Christus will uns helfen, unsere Kräfte zum Positiven einzusetzen – auch innerhalb jeder Gemeinschaft. (Hans Joachim Wiemers, Düsseldorf)

5. Ein ausgefranster und ein mit Borsten dicht besetzter *Besen*. Dieser Besen hier fegt kaum noch Dreck weg, weil die wenigen Haare nicht mehr viel erfassen. So ist es mühsam, zu oft muß ich hin- und herfegen. So ist jede Gemeinschaft mühsam, in der die Basis der Helfenden zu dünn ist, in der die Arbeit auf wenige Schultern abgeladen wird. – Wo die Helfer in so dichter Fülle sind, wie an diesem Besen hier die Borsten stehen, da richten sie mehr aus. Ja, sie geben sich gegenseitig Halt.

6. Ein Lego-Stein (= wir) ist eckig (= verletzend) und glatt (= kalt), aber doch nach »unten« hin geöffnet und weist nach oben die Richtung. Er ist leicht, verschiedenfarbig. Er gibt anderen Steinen Halt, fügt sich »nahtlos« in den Turm ein und ist – wenn mit den anderen verbunden – nur schwer von ihnen zu trennen. Viele Lego-Steine ergeben eine starke Gemeinschaft. (Hans Joachim Wiemers, Düsseldorf)

7. Siehe *Anschauliche Predigten,* S. 69: »die Wäscheklammer«. Was hält eine Gemeinschaft zusammen?

8. Weitere Zeichenpredigten dazu s. *133 Kinderpredigten,* S. 89f, 91f, 107–110.

Im Jahreskreis – II. Glauben

91. Die Sicht des Glaubens
(ein Apfel)

Dieser Apfel, mit der Lupe betrachtet, zeigt sicher schon Keime der Fäulnis, des Todes, des Wurmes (= Schlange). Diesen Apfel kann ich aber auch in meine Hand legen, die Augen schließen, und ich kann mir dabei Apfelbäume vorstellen, die aus den Apfelkernen im Gehäuse dieses Apfels wachsen können. Und aus diesen Apfelkernen entstehen wieder blühende Apfelbäume, hunderte, tausende, die im Herbst abgeerntet werden . . . So kann ich alle Dinge dieser Welt unterschiedlich betrachten: Mit der Lupe kann ich überall Rost und Gewürm und Tod entdecken. Das soll ich mit den Augen des Glaubens nicht übersehen, aber sie öffnen mir noch die ganz andere Welt des kommenden Reiches Gottes. Sie rütteln neue Kräfte wach, geben mir den schöpferischen Blick für neue Möglichkeiten . . .

□ Nach W. Willms, Von Perle zu Perle, Kevelaer 1978, S. 60f.

Lesung: Offb 21 (Ich sah einen neuen Himmel und eine neue Erde); Röm 8,18f (Ich bin überzeugt, die künftige Herrlichkeit ist so groß . . .); 1 Kor 15,35f (Wie soll es zugehen, wenn die Toten wieder lebendig werden? . . .).

92. Sinnbild des Glaubens
(ein Kelch)

Der breite Fuß des Kelches ruht auf tragendem Grund. Auch wir stehen fest auf dem Boden dieser Erde, die uns trägt. Mitten im wirklichen Leben.
Der Kelch ist geöffnet nach oben. Er wartet, daß er von oben gefüllt wird. – Wir warten wie Bettler mit geöffneten Händen auf die Geschenke (= Gnade) Gottes.
Der Kelch wird gefüllt: Er bewahrt, was er in sich aufnahm. – Könnten wir alles so bewahren und tragen, was wir von IHM empfangen!
Der Kelch gibt den Wein her: Er behält nichts für sich. – Auch wir sollen weitergeben, was wir empfangen haben: liebend verschenken.

□ Vgl. Evangelischer Erwachsenenkatechismus, S. 1286f, oder: Wir meditieren, »Löwensteiner Materialdienst«, April 1976, S. 13.

93. Das Reich Gottes

(der »Zauberwürfel« – Modespielzeug des Jahres 1981)

(Der Prediger dreht kommentarlos am Würfel.) Natürlich will ich nicht zeigen, wieviel Seiten ich schaffe. Aber dieser Würfel scheint mir ein Bild für diese Welt zu sein; ja, vielleicht sogar ein Gleichnis für das Reich Gottes. Zehn Gedanken möchte ich vorstellen (bitte auswählen):

1. Es kostet den Anfänger schon eine Menge Nerven, Übung und Geduld, *eine* Seite an diesem Würfel zu ordnen. Und mit der zweiten Seite erhöht sich das Erfolgserlebnis. So ist es immer im Leben: Ohne Mühe und Ausdauer entsteht nicht viel. Je mehr wir uns angestrengt haben, um so mehr Freude erleben wir bei dem, was wir geschafft haben. Wahrscheinlich gehören die meisten, die heute so unzufrieden sind, auch zu denen, die am schnellsten bei einer Aufgabe sagen: »Keine Lust!«
2. Welch buntes Bild auf diesem Würfel! So bunt zusammengewürfelt wie die Vielfalt der Menschen. 43 Trillionen Möglichkeiten läßt der Würfel zu; das ist eine Zahl mit 18 Nullen. So viele Menschen gibt es nicht, aber vielleicht gibt es so viele Möglichkeiten, Ordnung und Harmonie in diese Welt zu bringen. Können wir nicht unserem Nachbarn zubilligen, einen der richtigen Wege eingeschlagen zu haben?
3. Jedes Element des Würfels ist drehbar; aber es drehen sich immer alle auf der gleichen Ebene mit! Was der einzelne im Guten und Schlechten wirkt, hat immer Folgen für die, die unmittelbar mit ihm leben. Keiner lebt für sich allein!
4. Wenn ein Stück aus diesem Würfel herausgenommen wird, fehlt den anderen Stükken der notwendige Halt: Sie können herausfallen. Wenn nur ein Stuhl in der Familie frei bleibt, ist es für die anderen nicht mehr so schön. Und bei einem Fest im Verein oder in der Kirche ist jeder wichtig. Mein Fernbleiben kann andere verleiten, ebenfalls nicht mitzumachen.
5. Der Würfel ist in vier Richtungen zu bewegen: nach rechts und links, nach oben und unten. Eine Harmonie oder Gemeinschaft ist nur zu erreichen, wenn keine der vier Richtungen ausgeklammert wird: Wir bemühen uns um die Entfaltung unseres eigenen *Ichs*, wenden uns dem *Mitmenschen* nach rechts und links zu und richten uns auf *Gott*

aus. Oder: Glaube, Hoffnung und Liebe treten nie getrennt auf: Wo eins von ihnen vorkommt, wirken auch die beiden anderen mit.

6. An diesem Würfel gibt es verschiedene Arten von Elementen, die nicht austauschbar sind: Eckstücke, Kantenstücke, Mittel-(= Achsen)stücke: In einer großen Gemeinschaft gibt es verschiedene feste Rollen und Fähigkeiten, die (so schnell) nicht vertauschbar sind.

7. Manche Leute sagen: »Ich glaube nur an das, was ich sehen und wiegen und messen kann!« Sie würden also nur die bunte Oberfläche des Würfels in ihre Überlegungen einbeziehen. Wer aber »dahinterschaut«, sieht mehr: Wer den Würfel auseinandernimmt, kann feststellen, daß alle Teile der Oberfläche an den Achsen der Mitte hängen. Die Verankerung des Würfels hat die Form eines dreidimensionalen Kreuzes, von dem alle Teile des Würfels abhängig sind. Das deute ich: Hinter unserer bunten Welt laufen alle Fäden in Gottes unsichtbarer Hand zusammen. Der unsichtbare Gott ist der wirkliche Herr der Welt. Das glauben wir trotz allen Durcheinanders, das der Mensch durch sein Machtstreben und seinen Egoismus weitgehend verursacht. Unser Glaube ist durch das Kreuz geprägt: Wer es nicht in seinem Leben annehmen will, geht am Wesentlichen vorbei.

8. Wenn nur noch zwei Stücke am Würfel falsch plaziert sind, muß man dennoch sehr oft drehen und dabei fast alle anderen Elemente, die schon richtig liegen, mitbewegen: Wenn einer, »der noch nicht richtig liegt«, in die Gemeinschaft eingegliedert werden soll, müssen sich auch die »Richtigen« mitbewegen lassen und manchmal sogar ihre »sicheren Plätze« verlassen. Die unmittelbaren Nächsten schaffen es alleine nicht.

9. Wer den »Trick« heraus hat, kann sehr schnell die Seiten des Würfels ordnen. Wer nicht nach dem Grundsatz »Auge um Auge, Zahn um Zahn« vorgeht, sondern Jesus Christus verstanden hat, also mit Güte und Liebe, Ausdauer und im Vertrauen auf Gott handelt, kann sehr wirksam zum Frieden in der Welt beitragen.

10. Dieser bunte Würfel in unserer Hand ruft uns auf: Schafft Harmonie in dieser durcheinandergeratenen Welt! Arbeitet am Paradies, das jetzt schon möglich ist!

Mögliche Schriftstellen: 1 Kor 12,12–31: Kirche als Leib: Einheit in Vielheit; 1 Joh 4,16 bis 21: Gottes- und Nächstenliebe gehören zusammen; Joh 15,1–17: Weinstock – Reben.

□ Hildegard Klother, Peter Frowein, Willi Hoffsümmer.

94. Das Leben ist ein Labyrinth

Wollfäden sind zu einem verwirrenden Labyrinth auf den Fußboden geklebt worden. Für alle wurden kleine Kreuze aus festem Papier ausgeschnitten. – Dieser Gottesdienst eignet sich vor allem für einen kleinen Kreis.

Wir gehen so viele Wege jeden Tag: Manchmal wissen wir gar nicht mehr, ob wir noch auf dem richtigen Weg zu Jesus sind. Alle stellen sich jetzt um den Irrgarten auf und suchen den Weg, der zu Christus (= größeres Kreuz) führt.
Evangelium: Mt 28,16–20 (Jesu Abschiedsworte).
Wo Menschen Jesu Auftrag verrichten, zu den Menschen zu gehen im Vertrauen darauf, daß ER bei uns ist alle Tage bis ans Ende, da gehen wir den richtigen Weg. (Im Gespräch mit den Kindern kann anhand von Beispielen und Situationen der christliche Weg erarbeitet werden.) Alle, die so handeln möchten, können jetzt ihr kleines Kreuz an einer Wegbiegung des Irrgartens hinlegen, so daß der Weg zum Kreuz (oder zum guten Hirten) mit lauter kleinen Kreuzen gekennzeichnet ist.

□ Nach Pfarrverband Oldenburg-Nord, St. Bonifatius; vgl. Walter Kettler, Von Gott und Christus im Kindergarten reden, München 1979.

95. Eine Nachricht und ihre Folgen
(ein Radio)

Dieses Kofferradio sendet hin und wieder wichtige Aufrufe zur Hilfe bei Katastrophen (Überschwemmung, Erdbeben, Dürre) aus. Und doch bleiben diese Aufrufe manchmal ohne großes Echo: Manche schalten das Radio nicht ein; manche hören, aber überhören die Aufforderung; manche sind nicht daran interessiert und vergessen sie sofort; manche reden viel darüber und machen große Pläne, helfen aber doch nicht, weil sie nicht durchhalten. Für viele sind die Nachrichten im Radio also vergeblich. Einige aber richten sich danach: große Folgeaktionen treten ein.
Jesus erzählt eine Geschichte, in der es ähnlich zugeht wie mit unserer Nachricht im Radio:
Evangelium: Mt 13,3–9 (Gleichnis vom Sämann).
Jetzt vergleicht einmal! (Nachricht = Samen; Radio = Sämann; Hörer = Acker). Der Sämann wagt zu säen, obwohl die Gefahren des steinigen Bodens, der gefräßigen Vögel, das Unkraut und die sengende Sonne drohen. So wagte Jesus, vom Reich Gottes zu sprechen, auch wenn ihn die Mächtigen und Einflußreichen abgelehnt haben. So wagt es die Kirche heute, die Nachricht von Jesus zu verkünden. Ob wir zu denen gehören, die die Nachricht aufnehmen, nach ihr leben und wenigstens dreißigfache Frucht bringen?

□ Vgl. Helmut Heiserer in »Prediger und Katechet« 4/1978, S. 527–29.

96. Unser Leben mit Gott – wie ein Schachspiel?

(ein Schachspiel)

Lesung: Buch Jona.

Es geht so zu wie ein Schachspiel mit hintergründigem Humor: Gott macht den ersten Zug und beruft Jona. Gegenzug: Jona kehrt Gott den Rücken zu und flieht. Jetzt ist Gott wieder an der Reihe: er wirft einen Sturm aufs Meer. Reaktion des Propheten: Werft mich ins Meer! Usw. Am Schluß setzt Gott ihn »schachmatt« . . .

□ Vgl. Hermann Lembeck in »Prediger und Katechet« 1/1979, S. 140–42.

In einem Brief an mich führt Uwe Polster, Düsseldorf, ähnliche Gedanken aus: »Läuft unser Leben nicht wie ein Schachspiel ab? Auf unseren Zug antwortet Gott mit einem Zug. Sein Zug läßt uns wiederum einige Möglichkeiten, darauf zu reagieren, d. h. er zwingt uns nicht zu einer bestimmten Haltung, wir sind keine Marionetten in seiner Hand, er trifft eine Auswahl von Möglichkeiten, die er für richtig hält. So sind wir zwar von Gott abhängig, haben aber Freiraum für eigenes Denken und selbständiges Reagieren . . . Ob er uns manchmal zu viel Freiheit läßt, die dann Schaden bringt und Opfer erfordert?«

97. Was uns Blumen sagen

(drei Blumen: eine Knospe im Aufblühen, eine aufgeblühte, eine verwelkte)

Es gibt Redewendungen für Menschen, die an Blumen erinnern: »Die läßt ihren Kopf hängen«, »Sie ist richtig aufgeblüht«, »Der ist so verschlossen«. – Jeder von uns gleicht einer Blume.

1. Diese hier ist noch verschlossen. Sie kann mich fragen: Habe ich schon meine Fähigkeiten entfaltet? Warum verschließe ich mich noch so oft? Bin ich schon in der Knospe verwelkt? Manche Menschen öffnen sich nie.
2. Diese hier ist aufgeblüht: sie schenkt Farbe, Duft und Freude. Was kann sie uns fragen? . . .
3. Diese hier läßt schon traurig den Kopf hängen. So sind auch wir manchmal enttäuscht und traurig, geben zu schnell auf, lassen unsere Fähigkeiten verwelken.

Wir wissen: In der Sonne (Liebe, Vertrauen, Anerkennung, Ermutigung – auch die Ebene der Liebe und Güte Gottes) entfaltet sich die Knospe zur Blüte, in der Kälte (Streit, Engstirnigkeit, vergiftete Atmosphäre) bleibt sie verschlossen bzw. schließt sich wieder. – Genauso wie wir!

Diese Gedanken und Abläufe lassen sich auch gut auf eine Gemeinschaft (z. B. die Gemeinde: sind wir noch zu verschlossen – oder schon resigniert . . .) übertragen. Beim

Friedensgruß könnte man Blumen verteilen, möglichst verschlossene = wir sollen unsere Fähigkeiten noch mehr entfalten.

□ Vgl. Hans Haas, »Prediger und Katechet« 1/1979, S. 96–98.

Evangelium: Jesus sorgte für das »Aufblühen« der Menschen (Zachäus, Ehebrecherin, Kranke, Räuber am Kreuz etc.); Mt 5,14–16 (Ihr seid das Licht der Welt); Joh 15,1–5 (Wer mit mir verbunden bleibt, kann Frucht bringen).

98. Jeder Mensch ist wie eine Blume

(Jeder erhält am Eingang eine Blume; der Prediger hat eine riesige Kreppapierrose.)

In einem südlichen Ferienland stellte mir die Wirtin Plastikblumen ins Zimmer und sprühte täglich einige Dufttropfen darüber. Ich lachte über diese merkwürdige Aufmerksamkeit. Bis ich eines Morgens einen Wasserverkäufer laut rufend durch's Dorf ziehen hörte. Da wußte ich, wie kostbar in diesem trockenen Land ein Schluck Wasser, wie kostbar unter der sengenden Sonne hier eine einzige lebendige Blume ist.
Diese künstliche Blume hier in meiner Hand gefällt mir, aber eure Blume ist echt, hat lebendige Blätter, Adern . . . Schaut genau hin: sie lebt. Das macht eure Blume viel schöner.
Blumen sind da, damit wir uns freuen (Geburtstag, Hochzeit, Muttertag, Jubiläen . . .); sie sind nicht notwendig, aber sie machen das Leben freundlicher. Die Blumen hat Gott so schön gemacht, daß der reichste aller Könige nicht so schön gekleidet ist wie eine von ihnen:
Evangelium: Lk 12,27–31 (Lilien auf dem Feld).
Jesus vergleicht die Blumen mit den Menschen. Wir Menschen sind noch viel kostbarer als Blumen. Jeder Mensch ist liebenswert. Jeder ist anders (Nasen, Ohren, Haare . . . Hautfarbe, behindert), aber auf seine Weise schön. Und Gott liebt sie alle; jeden von uns.
Wie die Blumen brauchen auch wir Menschen etwas, damit wir wachsen können. Darum, liebe Eltern, betrachten Sie Ihre Kinder auch als Ihre Blumen, die jeden Tag ein neues Wunder sein können (auch wenn sie manchmal Stacheln haben). Schenken Sie Ihnen, was sie zum Wachsen am notwendigsten brauchen: Ihre Zeit und Ihre Zuneigung.
Jesus sagt: Sorgt ihr für das, was Gott will, dann sorgt Gott für das, was ihr braucht. Dafür wollen wir jetzt Danke sagen. Das äußere Zeichen dafür sollen eure Blumen sein, die ihr jetzt in diese Vasen am Altar stellen könnt.
(Die Teilnehmer erhalten sie nach dem Gottesdienst zurück.)

□ Stark verkürzt nach Maria Heng, »Gottesdienst« 17/1974, S. 135f. Siehe auch oben Nr. 41 »Ein Baum ist wie ein Mensch«.

99. Was uns eine Sonnenblume sagen kann

(ein paar Sonnenblumenkerne in der Hand eines jeden Gottesdienstbesuchers oder eine Sonnenblume)

Wir schließen die Augen. Wir spüren die Kerne in unserer Hand. – Vorsicht! Du hast etwas Hochexplosives in deiner Hand. Du glaubst es nicht? Wenn du diesen Kern in die Erde legst, ein bis zwei Zentimeter tief in die Gartenerde: Dann passiert ein Wunder. Zuerst liegt er versteckt unter der Erde, wie wir auch einmal unter der Erde begraben liegen. Aber dann, wenn dieser Kern etwas Feuchtigkeit bekommt, die richtige Temperatur und genügend Sonne, dann wächst langsam ein Keim; er wird größer und größer – viel größer als du und ich – und ist schließlich selbst eine kleine Sonne, eine Sonnenblume. Von morgens bis abends lacht sie die Sonne an. (Die Sonne ist immer ein Bild für die Liebe und Güte Gottes. Ohne die Liebe und Güte anderer wären auch wir nicht gewachsen.) Die Sonne wirft alle Schatten hinter uns. Auch den Schatten des Todes.

Jetzt öffnet sich die Blüte, weit und schön. Strahlen einfangen, das ist ihre tägliche Aufgabe. Strahlen machen strahlend. Wer genügend Strahlen der Sonne eingefangen hat, kann jetzt selbst zur kleinen Sonne werden!

Wenn die Blume tage-, manchmal wochenlang die Sonne angelacht hat und voll von ihr ist, neigt sie langsam ihr Haupt: Jetzt hat sie Kraft genug zu dienen, abzugeben. Auch unsere wichtigste Aufgabe im Leben ist: das Dienen zu lernen.

Die Vögel machen sich über die Sonnenblumenkerne her. Die Sonnenblume läßt es sich gefallen. Vielleicht denkt sie daran, daß manche Vögel im Streit um die kleinen Samenfrüchte den einen oder anderen Kern verlieren. Nächstes Jahr wachsen daraus neue Blumen. Und daraus wieder neue. Vielleicht wachsen noch aus diesem Kern in deiner Hand irgendwo Sonnenblumen, wenn du schon gar nicht mehr lebst! Darum Vorsicht: Du hast Hochexplosives in der Hand. Ein kleines Wunder. Du darfst es nicht verlieren. Es kann dir so viel sagen! Ja, in der Sonnenblume ist unser ganzes Leben vorgezeichnet: Mit dem Begraben in der Erde ist es nicht aus. Wie Jesus, unsere Sonne, der Auferstandene, uns zuruft: Ich lebe – und auch ihr werdet leben!

(Nehmt die Kerne mit nach Hause und pflanzt sie ein. Meldet euch, wenn die Blume zu blühen beginnt. Da, wo sie zuerst blüht, komme ich vorbei und bringe etwas mit.)

□ Dazu gibt es mit ähnlichen und weiterführenden Gedanken eine empfehlenswerte Dia-Meditation von Elmar Gruber / Fritz Fischer, Glücklich werden, Nr. 11, Impuls Studio, München; oder: Elmar Gruber, Gott er-leben, München 1977, S. 64–69.

Evangelium: Joh 8,12 (Ich bin das Licht der Welt . . .) und Mt 5,14a.16 (Ihr seid das Licht der Welt . . .).

100. Eine Kastanie = Gleichnis unseres Lebens und unseres Glaubens
(jeder erhält am Eingang eine Kastanie)

Mit solchen Kastanien kann ich Figuren legen, Fenster einwerfen, Kastanienmänner und Rosenkränze basteln. Vor allem springen sie sehr elastisch über die Straße. Und wie weit sie springen! Fühlen sie sich nicht schön an in der Hand? Hast du schon einmal mit der Zunge daran geleckt? Betrachte sie genau in deiner Hand! (Stille)
Wir schließen die Augen. – Siehst du die Kastanie noch am Baum: im dicken, grünen Mantel mit Stacheln? Jetzt fällt sie herunter und platzt auf. Ja, sie muß aufplatzen, damit wir sie zu sehen bekommen. Äußerlich sind alle Kastanien am Baum rund, stachelig und einigermaßen gleichmäßig. Wenn sie aber aufplatzen, ist jede Frucht anders. Es gibt keine zwei gleichen Kastanien. Die Maserungen und die Narben vom Fallen sind immer anders. Ich kann so viel Verschiedenes mit diesen Kastanien machen, aber sie bleiben dabei ganz Kastanie.
Mit dem Menschen ist es ähnlich: Nach außen haben viele einen dicken Panzer mit Stacheln. Manche »platzen« nicht heraus. Aber wer aus seinem Stachelhaus herauskommt, zeigt, wie sehr er sich von anderen unterscheidet. So verschanzen sich manche Menschen hinter den grünen Hüllen von Riten und kirchlichen Vorschriften. Aber ich muß diese Schalen ablegen, um meine Herzlichkeit und meinen persönlichen Glauben zu zeigen. Dann können mich andere auch liebgewinnen. Für die Großen heißt das: Ich bin kein Kirchensteuerzahler oder Meßbesucher, sondern ich bin einer, der in guten und bösen Tagen sich an Christus festhalten will, um fasziniert von ihm seinen Weg ein Stück mitzugehen. Warum soll ich auf diesem langen Weg kein Lachen und keine Tränen auch in der Kirche zeigen? Jeder glaubt anders, jeder betet anders, jeder versucht das Leben anders in den Griff zu bekommen: wie jede Kastanie anders ist. Und jeder darf anders leben und glauben, um *seinen* Weg zum Nächsten und zu Gott zu finden.
Bei einem Erwachsenen- oder Jugendgottesdienst können sich jetzt die Banknachbarn einige Minuten darüber unterhalten, was die Kastanien für ihr Leben, für ihren Glauben aussagen.
Beim Friedensgruß werden die Kastanien untereinander getauscht. Vielleicht läßt sich mit der geschenkten Kastanie etwas machen, was irgendwo Freude bereitet.
Mögliche Bibelstellen: Mt 7,1–5 (Nicht verurteilen); Mt 11,25–30 (Jesus bietet Freiheit an); Röm 14,13.19; 15,1.2.7 (Rücksicht auf den schwachen Bruder); 1 Kor 12,12ff (Viele Teile – ein Körper); 1 Kor 13 (Nichts geht über die Liebe untereinander); Eph 4,1–6 (Einheit der Kirche).

□ Verkürzt und verändert nach Gregor Heussen, »Gottesdienst« 21/1975, S. 167.

101. In Gott leben

(ein Kugelschreiber, evtl. für jeden Teilnehmer)

Es wäre schön, wenn darauf ein entsprechender Text gedruckt wird, wie z. B. »Kugelschreiber: Bild unseres Lebens? – Pfarre St. N. in . . .« In größeren Mengen gibt es sie schon um 50 Pf bei CB & V Werbeartikel, Postfach 4334, 6100 Darmstadt. Hinzu kommen Druckkosten und Mwst. Wer noch tiefer in die Tasche greifen will, kauft einen Wechselkugelschreiber mit einer 6-Zeilen-Werbung unter Glas. Insgesamt sind 150 Buchstaben Text möglich. Zum Beispiel: Kugelschreiber = mein Leben? / Werkzeug in der Hand Gottes / Nehmen und Geben / Dienst nach unten / Ausruhen nicht vergessen / Pfarre N. in N. N.

Ihr könnt staunen! Dieser Gebrauchsgegenstand, lange genug betrachtet, kann uns einiges über unser Leben sagen:
Die kleine Kugel erhält ihren Halt durch die Fassung des Kugelschreibers. Der Mensch ist winzig klein im unendlichen Weltall, aber Gott liebt ihn. Er nimmt ihn in seine Hand wie die Fassung die Mine. Der Mensch hat Halt und Geborgenheit in Gott. Ja, Gott will ihn sogar gebrauchen: Wir Menschen sind Werkzeug in der Hand Gottes. Wie die Kugel Farbe empfängt, so empfängt er täglich neu Gottes Liebe. Durch den Menschen kann seine Handschrift in der Welt lesbar werden. Die Farbe im Kugelschreiber fließt nur, wenn er nach unten gehalten wird, d. h. erst in dienender Liebe bekommt das Leben göttliches Format.
Durch einen kleinen Druck auf den Knopf kann die Mine ins Gehäuse zurückspringen: Wir brauchen Zeiten der Stille, sonst verausgaben wir uns zu schnell und verlieren die Freude am Dienst. Auch eine Krankheit kann zur Pause werden, die Gott verordnet.
Ein Druck auf den Knopf, und sie ist wieder bereit. Dann wird die Mine aufs Papier gesetzt: dort zeigt sie ihre Spuren. Religiöse Ideen, die nicht verwirklicht werden, hinterlassen genauso wenig Spuren wie ein Kugelschreiber ohne Kontakt zum Papier.
So kann der Kugelschreiber zum Bild für mein eigenes Leben werden.
Evangelium: Joh 13,3–15 (Fußwaschung – auch Jesus versah den Dienst »nach unten«).

□ Stark verkürzt nach Gerhard Bruns, Start frei – zu einem sinnvollen Leben, Gießen [2]1978, S. 5–10.

In einem ausformulierten Gottesdienst »Der Kugelschreiber – Bild unseres Lebens« in »Gottesdienste mit Kindern und Jugendlichen« (Juli 1979) fügt Heriburg Laarmann noch folgende Gedanken hinzu:
Dieser Kugelschreiber ist mir geschenkt worden, ein Zeichen der Liebe – wie mir mein Dasein geschenkt wurde. Es gibt bessere, größere und wertvollere Schreibgeräte, aber nur dieser kleine Kugelschreiber wurde mir durch das Geschenk wichtig. Ich achte

darauf, daß er bzw. daß ich nicht verlorengehe in dieser Welt. Gott, laß mich nicht unbenutzt und sinnlos herumliegen, sondern mache durch mich deine Handschrift für die Welt leserlich, so wie du es ganz deutlich getan hast durch Jesus Christus, deinen Sohn. So wird der Sinn des Lebens für mich keine Frage mehr: ich weiß, daß ich zum Verbrauchen, zum Dienst für andere da bin.
Zum Friedensgruß werden Karten (mit einem schönen Spruch?) ausgeteilt, die an einen Menschen geschickt werden sollen, mit dem wir Streit hatten o. ä., damit ein Stück Himmel über uns und zwischen uns aufgeht.
Am Ausgang der Kirche hängen Tapeten aus, auf die wir zum Schluß noch schreiben können, was anderen dient, was hilft, aufrichtet und Freude schenkt.
Ein weiterer Gedanke von Heinz Albert Raem, Leverkusen: Ein Kind wird nach vorne gebeten, einen Satz aufzuschreiben. Es erhält einen Kuli ohne Mine (= von weitem kein Unterschied zu sehen, soll er aber Einsatz zeigen, ist er nicht zu gebrauchen, weil innerlich hohl); dann mit leerer Mine (= es gibt Christen, die leer geworden sind; da hilft nur die Buße, die Umkehr); schließlich mit gefüllter Mine (= so sollen wir alle sein: einsatzbereit, wenn Gott und Menschen uns rufen).
Noch einen Gedankenanstoß: Kuli = Hindu = Diener und Arbeiter (niedrigste Kaste in Südost-Asien), auch Gepäckträger beim Auto.

102. Unser Leben ist wie ein Teppich
(ein Teppich)

Dieser Vergleich ist nicht selten. So schreibt Reinhold Schneider (Macht und Gnade): »Wir kennen das Muster nicht, nach dem der Teppich unseres Lebens gewebt wird. Auch während des Entstehens können wir nicht erraten, zu welchen Gebilden die Linien zusammenlaufen und die Farben sich verbinden.«

1. Das Muster, der Plan, Gottes Führung ist da: aus mir soll etwas ganz Bestimmtes werden.
2. Die Ausführung im Reifungsprozeß des Lebens liegt nicht zuletzt in unseren Händen: jeden Tag können wir ein paar neue Fäden knüpfen.
3. Wir bleiben unvollendet; die Vollendung des Musters liegt in den Händen Gottes und in seinem Erbarmen.

□ Stark verkürzt und verändert nach Alois Stiefvater, Einstiege für die Predigt, Freiburg ^{2}1979, S. 119f; s. auch: »Im Leid an Jesus festhalten«, in: *Wir freuen uns auf die Predigt,* S. 49–51.

103. Im Netz der Liebe
(ein Netz)

(Zum Bußakt kann auf die Verstrickung durch ein Netz eingegangen werden: Unser Miteinander ist oft unbarmherzig engmaschig . . .)
Tag für Tag kannst du hören, wie gutgläubige Menschen Betrügern und Gaunern ins Netz gehen. Dieses Netz hier könnte dich an all die Netze erinnern, die uns oft gefangen halten: Bosheit, Lüge, Verleumdung, Gewalt . . .
Aber ich habe es mitgebracht, um dich an ein anderes Netz zu erinnern: im Zirkus bietet es den Artisten am Trapez Sicherheit und Schutz. Ein solches Netz des Schutzes und der Geborgenheit ist unter jeden gespannt, der Eltern, Geschwister oder Freunde hat, die ihn mit Liebe und Sorge umgeben: er stürzt bei Fehlern und Schwierigkeiten nicht tödlich ab. Jesus sagt uns: Mein Vater im Himmel hat unter euch auch so ein Netz gespannt.
Evangelium: Stelle einer frohen Botschaft, z. B. Mt 10,26–33 (Fürchtet euch nicht vor den Menschen . . .).
Jesus selbst ließ sich, als er am Kreuz hing, in das Netz des Vaters fallen: »Vater, in deine Hände befehle ich meinen Geist!« Selbst im Tod werden wir aufgefangen.
Es gibt Menschen, die für andere zum rettenden Netz wurden (ein Vorbild der Nächstenliebe nennen, z. B. P. M. Kolbe . . .). Ob wir auch ein schützendes Netz werden können für andere?
Lied: »Er hält das Leben in der Hand«; oder: »Wir knüpfen aufeinander zu . . . ein Friedensnetz«.

□ Vgl. Erich Pflanzelt, »Prediger und Katechet« 4/1975, S. 522f.

Zu Beginn kann auch die Geschichte »Das Netz« von Werner Bergengruen erzählt werden: Auf einer schroffen Insel im Mittelmeer galt das alte Recht, eine des Ehebruchs überführte Frau vom Schwarzen Felsen zu Tode zu stürzen. In der Nacht hat der Ehemann, ein Fischer, ein starkes, von oben her nicht zu sehendes Netz gespannt, das seine Frau auffängt. Die Leute wollen sie erneut der Strafe überführen, aber die herbeigerufene Markgräfin läßt sie frei, weil sie in der Rettung ein Wirken Gottes erkennt (= die Anbringung der Netze unter großer Lebensgefahr genau an der richtigen Stelle, daß die Knoten unter der Last des niedersausenden Körpers hielten; die Frau glaubte wirklich in den Tod zu stürzen, da sie vom Vorhaben ihres Mannes keine Kenntnis hatte usw., zumal der Wortlaut des Urteils hieß: sie soll vom Felsen hinuntergestürzt werden). Zum Schluß schenkt sie der Frau zum Andenken ihr goldenes Haarnetz.

□ Geschichten zum Nachdenken, Mainz/München 1979, S. 170–77.
Evangelium: Joh 8,1–11 (Die Ehebrecherin).
□ Vgl. Homiletische Arbeitsgruppe Warendorf, »Prediger und Katechet« 4–5/1971, S. 293–95.
Siehe auch die Bedeutung des Netzes in: *Anschauliche Predigten,* S. 76–78, und oben Nr. 88.

Andere Ideen

1. *Ein Radio.* Die unsichtbaren Musikwellen auffangen = Gott spricht zu uns. Woran liegt es, wenn ich ihn nicht höre? Ist keine Antenne da (= ich kann nicht glauben); ist die Antenne nicht herausgezogen (= fehlt der Blick für die kleinen Dinge); sind die Batterien leer (= Gleichgültigkeit und Bequemlichkeit); ist der Sender nicht richtig eingestellt (= wonach richte ich mich aus)?

2. *Die Antenne ausfahren* (eine Antenne). Unser Glaube ist so wie eine Antenne, mit der wir vom Sender Gott und Jesus Christus einiges auffangen können. Aber es gibt genug Mitmenschen, die haben nicht so eine Antenne; die erklären uns für »verrückt«: »Du empfängst doch gar nichts. Da ist doch nichts zu sehen und zu spüren!«
Evangelium: Mt 11,25 (Was du den Unmündigen offenbart hast . . .).

□ Gerhard Dane, Köln; vgl. auch *133 Kinderpredigten,* Nr. 59, »Sich auf Jesus ausrichten«.

3. *Ein Päckchen* (= Geschenk des Glaubens), mit zehn Bindfäden umwickelt (= die Einwände, das Geschenk Gottes anzunehmen: den kann ich nicht sehen! Bei so vielen grausamen Geschehnissen ein guter Gott? Ich brauche Gott nicht! Er hat mich enttäuscht! Nur eine Erfindung). Nachdem Kinder die Bindfäden gelöst haben, wird das Päckchen geöffnet. Darin ist ein Schriftwort, z. B.:
Evangelium: Mt 11,28–30 (Ihr werdet bei mir Ruhe finden).
So öffnete sich Maria usw.

□ Matthias Schnegg in einem ausformulierten Gottesdienst in »Gottesdienste mit Kindern und Jugendlichen« 8/1979.

4. *Eine Krücke.* Die Kirche als eine »Krücke« zu Gott.

5. *Ein Bergkristall.* Unsichtbar kann der Glaube wachsen.
Evangelium: Mt 13,31.32 (Senfkorngleichnis). Siehe dazu einen ausformulierten Gottesdienst in *Anschauliche Predigten,* S. 72f.

6. Siehe auch die Zeichenpredigten zum »Christsein«, S. 76–91, in *133 Kinderpredigten.*

Im Jahreskreis – III. Hauptgebot

104. Beten
(ein Telefon)

Für Jugendliche und Erwachsene

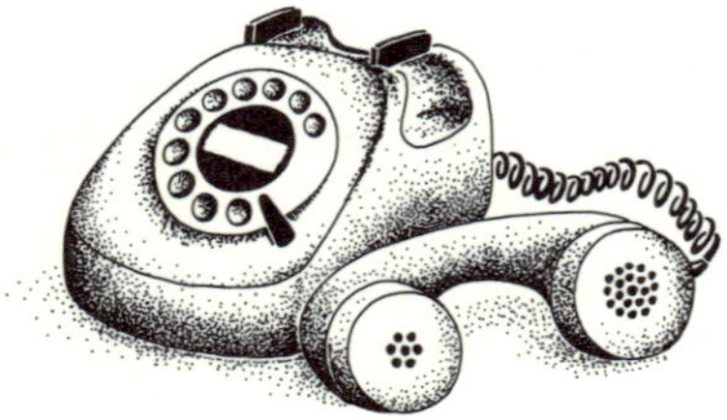

Folgende Regeln und Paragraphen sind zu beachten:

§ 1 Gott ist immer zu sprechen. Sein Apparat kennt kein Besetztzeichen. Sein Menschendienst geht rund um die Uhr.

§ 2 Wenn Sie nichts hören, sind Sie sicher, die richtige Nummer gewählt zu haben? Oder nahmen Sie vielleicht nur den Hörer ab?

§ 3 Gewöhnen Sie sich nicht an, Gott nur über den Notruf anzuläuten.

§ 4 Ihr automatischer Anrufbeantworter nützt bei ihm nichts.

§ 5 Wenn das Gespräch »nichts gebracht« hat, ließen Sie Ihren Gegenüber denn überhaupt zu Wort kommen?

§ 6 Wenn seine Sprache für Sie unverständlich war, sind Sie sicher, noch die »Sprache des Herzens« zu verstehen?

§ 7 Er hält Sie für sehr wichtig: Als wenn Sie sein einziger Auslandskorrespondent wären!

§ 8 Telefonieren Sie mit Gott nicht nur zu Zeiten des verbilligten Tarifs, also vornehmlich am Wochenende! Auch an Werktagen müßte regelmäßig ein kurzer Anruf möglich sein.

§ 9 Wußten Sie es noch nicht?: Das Telefonieren mit Gott ist immer gebührenfrei.

§ 10 Wenn Sie Zeit hatten, dies zu lesen (hören), haben Sie auch Zeit, *jetzt* einen Augenblick mit ihm zu sprechen. –

Stille

Evangelium: Lk 18,1.7b.8 (Betet unablässig).

□ Vgl. *133 Kinderpredigten,* S. 72; Agnes Armanet, Es lag wohl an der Leitung, Telefongespräch mit Gott, in: »Die Neue Hoffnung« 7/1979, und verschiedene andere Vorlagen.

105. Jeder »Nächste« ist anders

(verschiedene Krüge: antik, bauchig, schlank, klein . . .)

Diese Meditation eignet sich für kleinere Kreise. Vielleicht haben die Teilnehmer aus Knet/Ton vorher selbst »ihren« Krug geformt und äußern sich über den eigenen wie über die anderen.

Was über die Krüge ausgesagt wird, ist mit Menschen zu vergleichen . . .
Mitgeschriebene Äußerungen bei einer solchen Meditation: »Den lehne ich ab, weil er mir zu groß und stolz vorkommt!« – »Der graue Steinkrug sieht unscheinbar aus, es geht aber eine Menge hinein!« – »Der Krug ist so klein, daß ich erst den Finger reinhalten muß, um herauszukriegen, was darin ist!« – »In diesen Glaskrug würden nur einfache Sachen passen!« – »Der Zinnkrug wirkt so hart nach außen; ich muß ihn länger anschauen, um ihn liebzugewinnen.« – »In diesen roten Krug mit weißen Punkten würde ich einen großen Strauß Margariten stecken!« – »Den kleinen Becher würde ich mit kühler Milch füllen und jedem etwas daraus eingießen!« – »In diesem Krug würden Weidenruten ihre Härte verlieren.« – »Dieser antike Krug mit Ornamenten erinnert mich an Vergangenes.«

Gebet bei den Töpfern in Taizé:

Herr, mache mich zu einer Schale,
offen zum Nehmen,
offen zum Geben,
offen zum Geschenktwerden,
offen zum Gestohlenwerden.

Herr, mache mich zu einer Schale für Dich,
aus der Du etwas nimmst,
in die Du etwas hineinlegen kannst.
Wirst Du bei mir etwas finden,
was Du nehmen könntest?
Bin ich wertvoll genug, so daß Du
in mich etwas hineinlegen wirst?

Herr, mache mich zu einer Schale für meine Mitmenschen,
offen für die Liebe, für das Schöne,
das sie verschenken wollen,
offen für ihre Sorgen und Nöte,
offen für ihre traurigen Augen
und ängstlichen Blicke,
die von mir etwas fordern.

Herr, mache mich zu einer Schale!

Weiterführende *Lesung:* 1 Petr 2,4–8 (aus so vielen verschiedenartigen »Krügen« soll ein geistiges Haus gebaut werden). (Nach Hildegard Klother, Düsseldorf)

Andere Ideen

1. Eine stachelige Kaktee mit oder ohne Blüte: Wie kann ich andere zum Positiven verändern? Nicht die Stacheln = Fehler sehen, sondern die Stellen suchen, wo Blüten wachsen können: wie Jesus es vorlebte, z. B. Lk 7,36–50 (Maria Magdalena).

□ Ein ausformulierter Gottesdienst dazu s. *Anschauliche Predigten,* S. 66.

2. Mit Jesus auf Wellenlänge (zwei Funkgeräte). Wenn ihr euch mit Funkgeräten hören und verstehen wollt (ausprobieren!), müßt ihr die richtige Wellenlänge herausfinden. Sonst redet ihr aneinander vorbei. Das gilt für jedes Gespräch: Wir können aneinander vorbeireden. Es entsteht keine Verbindung, obwohl wir uns gegenseitig hören können. Von Menschen, die sich gut verstehen, sagt man: »Sie haben einen Draht zueinander«, »eine Antenne füreinander«, »die gleiche Wellenlänge«. Diese Menschen reden offen und ehrlich miteinander. Für ein Gespräch mit Jesus kommt es auch auf die richtige Wellenlänge an. Hört einmal zu:

Evangelium: Joh 18,33b–37 (. . . Jeder, der aus der Wahrheit ist, hört auf meine Stimme!).

3. Worauf es ankommt (zwei Fußbälle, der eine ist aufgepumpt, der andere nicht. Doch beide sehen gleich aus). Mit diesem (aufgepumpten) Ball kann ich viel anfangen . . . (er springt sehr hoch). – Dieser Ball springt nicht: keine Luft drin! Unsere äußere Gestalt ist wichtig (junge schicke Lehrerin kommt zunächst gut an, aber der Unterricht macht bei einer anderen mehr Spaß), aber auf die Dauer kommt es darauf an, was in uns steckt! Jesus nennt uns sehr wichtige Sätze:

Evangelium: Lk 6,20–23 (Selig alle, die ein gutes Herz haben . . .); Mt 7,15 (äußerlich Schafspelz, innerlich reißende Wölfe).

□ Verkürzt nach Werenfried Wessel, Mit Kindern den Glauben feiern. Familiengottesdienste, Freiburg 1981, S. 92f.

4. Andere Zeichenpredigten

□ Siehe *133 Kinderpredigten,* S. 72–75: ein Telefon, zwei Ruder, Rad, kommunizierende Röhre, zwei Streichhölzer und andere Ideen.

Im Jahreskreis – IV. Die Sakramente

106. Die drei Öle
(Katechumenenöl, Chrisam, Krankenöl)

Lesung: Jak 5,14–15 (Mit Öl salben).
(Unbedingt auswählen!) Bei vier Sakramenten werden Salbungen mit Öl vorgenommen: Taufe, Firmung, Krankensalbung und Priesterweihe. Das zeigt uns, wie wichtig das Zeichen des Öles ist.
Dieses Öl wird von gepreßten Oliven vom Olivenbaum gewonnen. Früher wurde dieses Öl im Alltag gebraucht zum Kochen, Trinken, als Brennstoff für Lampen (Öl in den Krügen der fünf klugen Mädchen: Mt 25,1–13), als Medizin linderte es Schmerzen und heilte Wunden (Lk 10,34: der barmherzige Samariter gießt Öl in die Wunden), es kühlte und glättete die Haut; die Sportler rieben sich damit ein, um dem Zugriff des Gegners leichter zu entschlüpfen. Vieles davon gilt auch noch heute: Öl heilt und stärkt.
Von dieser vielfältigen Verwendung her ist der Schritt nicht weit, daß dem Öl damals göttliche Wirkungen zugeschrieben wurden. So wurden Könige, Propheten und Priester gesalbt. Neugeborenen wurde dieser göttliche Segen durch die Salbung zugeteilt, aber auch den Toten am Lebensende der göttliche Frieden vermittelt (= einbalsamieren). Jesus selbst wird Christus = der Gesalbte genannt. Wir, die Gesalbten, heißen Christen. So wird die Salbung mit diesem Katechumenenöl (zeigen!) bei der Taufe dem Kind zur Hilfe im Kampf gegen das Böse.
Auch das Chrisam (zeigen!), mit Balsam, einem wohlriechenden Öl, vermischt, soll uns stärken, mit Christus Seite an Seite zu kämpfen und ihn zu bekennen (Taufe und Firmung).
Dem Priester und Bischof werden die Hände zum heiligen Dienst gesalbt; so erhält er die Vollmacht, in besonderer Weise zu segnen, zu weihen und die Kräfte und Geschenke Gottes (= Gnaden) zu vermitteln.
Wie aus Gottvater (= Ölbaum) Jesus (= die Frucht dieses Baums) kommt, so ist das Öl (= Extrakt aus Baum und Frucht) Sinnbild des Heiligen Geistes. Das hören wir ganz deutlich auch bei der Krankensalbung als Stärkung und Linderung der seelischen und körperlichen Leiden: »Der Herr stehe dir bei mit der Kraft des Heiligen Geistes!« Die Salbung soll dem Kranken Frieden und Freude bringen; in Todesgefahr auch stärken zum letzten Kampf.

□ Vgl. Dorothea Forstner, Die Welt der christlichen Symbole, Innsbruck [3]1976, S. 230–34; Balthasar Fischer, »Gottesdienst« 5/1979: Ansprache zur Krankensalbung; ders., Von der Schale zum Kern, Einsiedeln/Freiburg 1979, S. 15f, 21–23, 24–26; s. auch oben Nr. 45, »Im Kreuz ist Heil«.

107. Durch die Taufe »wie neugeboren«

(ein Taufbrunnen)

Wer sich nach einem heißen Sommertag unter die Dusche stellt oder ein Bad nimmt, fühlt sich anschließend »wie neugeboren«.
Früher waren diese Taufbrunnen viel größer: Ein Erwachsener stand bis zu den Hüften im Wasser und wurde dann mit so viel Wasser getauft, daß er ringsum von einem Wassermantel eingehüllt war. Er sollte in diesem Taufbad neugeboren werden aus dem Wasser und dem Heiligen Geist. Im Mittelalter und heute noch in Rußland wird der Täufling dreimal (im Namen des Vaters + und des Sohnes + und des Heiligen Geistes +) ganz untergetaucht (das Wort tauchen kommt von taufen): Damit sollte handgreiflich der Tod durch Ertrinken und die Rettung aus diesem Tod symbolisch dargestellt werden. Denn Getauftwerden heißt: mit Christus begraben werden, um mit ihm auferweckt zu werden zum neuen Leben (Röm 6,4). Die heutige Taufe mit ein wenig Wasser über den Kopf des Kindes spiegelt also nicht mehr das volle Zeichen der Taufe wider.

Lesung: Röm 5,5 (Die Liebe Gottes ist ausgegossen in unsere Herzen durch den Heiligen Geist, der uns gegeben ist).

Evangelium: Joh 19,34 (Wasser aus der Seite Christi): Taufe heißt: Eingetaucht werden in diesen belebenden und rettenden Wasserstrom aus der durchbohrten Seite des Erlösers.

Inschrift auf dem Taufbecken (5. Jh.) des Lateran in Rom: »Hier ist die Quelle des Lebens. Den ganzen Erdkreis umspült sie. Aus der Wunde des Herrn nahm sie gesegneten Lauf.«

□ Verkürzt und verändert nach Balthasar Fischer, Von der Schale zum Kern, Einsiedeln/Freiburg 1979, S. 12–14; vgl. Bruno Kleinheyer, Heil erfahren in Zeichen, München 1980, S. 81–87; s. auch oben Nr. 16 »Das schönste und wertvollste Geschenk«.

108. Im Blut des Lammes gewaschen

(weißes Taufkleid)

Solch ein weißes Kleid wird dem Täufling nach der Taufe angezogen. Dazu sagt der Priester: »Dieses weiße Kleid soll dir ein Zeichen dafür sein, daß du in der Taufe neu geschaffen worden bist und – wie die Schrift sagt – Christus angezogen hast. Bewahre diese Würde für das ewige Leben!«
In den Anfängen der Kirche wurden nach langer Vorbereitung nur Erwachsene getauft. Sie legten ihre Kleider ab, und nach dem Taufbad und der Salbung mit Chrisam zogen sie weiße festliche Kleider an, die sie auch noch im öffentlichen Leben trugen und erst acht Tage später ablegten. (Von daher der Name »Weißer Sonntag«.) Das strahlende

Weiß des Gewandes soll also die innere Herrlichkeit des Neugetauften widerspiegeln.
Christus anziehen heißt, mit Unsterblichkeit überkleidet werden. Das zeigt auch das blendend weiße Gewand Jesu auf dem Berge Tabor an (Mt 17,2) oder die erlösten Menschen in weißen Gewändern vor dem Lamm (Offb 7,9): Sie haben ihre Kleider gewaschen (= ihre Schuld abgewaschen) und im Blut des Lammes weiß gemacht (Offb 7,13–15). In »Weiß« sein heißt: Teilhaben am verklärten Herrn. Am »Hochzeitsmahl« des ewigen Lebens teilnehmen kann nur einer, der in einem »hochzeitlichen Gewand« erscheint.
Evangelium: Mt 22,1–14 (Der Mann ohne hochzeitliches Gewand).
Wenn gesagt wird: »Bewahre diese Würde für das ewige Leben«, brauchen wir nicht zu resignieren, weil wir so oft versagen. Im Bußsakrament steht die »zweite Taufe« offen für jeden, der wieder neu beginnen will.
Lesungen: Röm 13,14 (Legt das neue Gewand an, Jesus Christus); Eph 4,22–24 (Zieht den neuen Menschen an . . .).

□ Vgl. Bruno Kleinheyer, Heil erfahren in Zeichen, München 1980, S. 88–91, und Josef Dreißen, Liturgische Katechese, Freiburg 1965, S. 160–173; s. auch *133 Kinderpredigten,* S. 55f.

109. Sieben Flammen in jedem Menschen

(sieben brennende Kerzen auf einem Leuchter)

In diesem Kind, das wir getauft haben, mögen jetzt diese sieben Flammen brennen, die von der Osterkerze, von Christus, unserer Sonne, ausgehen:
Die *1. Flamme* soll uns an die Sonne am Himmel erinnern: Ohne sie würden wir alle nicht leben. Zu ihrer Wärme fühlen wir uns hingezogen. Du sollst eine kleine Sonne werden, die Güte ausstrahlt, in deren Nähe sich alle erholen können.
Die *2. Flamme* ist Gott, dessen milliardenfach sprühender Funke in allem brennt, was lebt – bis in den Himmel, bis in die Abgründe. Du bist ein Abbild Gottes und bist gerufen in sein Licht, zu dem jeder Mensch aus aller Dunkelheit und Verirrung zurückkehren kann.
Die *3. Flamme* soll uns an die Liebe Christi erinnern. Mutige, feurige Worte und Taten brauchen wir von diesem Menschen, damit alle Hindernisse zwischen den Menschen verbrennen können.
Die *4. Flamme* ist die Leidenschaft. Sie erfaßt den ganzen Leib und läßt die Seele in Flammen stehen. Dieses Kind möge mit flammendem Eifer für das Leben in dieser Welt eintreten, ohne selbst von dieser Leidenschaft verzehrt zu werden.
Die *5. Flamme* ist die von Hunger und Durst. Der Hunger nach Gerechtigkeit sei wie ein Feuer, das kalte Herzen schmelzen läßt. Sein Durst nach Gerechtigkeit sei wie ein Feuer, das vom Meer der Gleichgültigkeit nicht auszulöschen ist.

Die *6. Flamme* ist die Flamme der Musik. Wir wünschen sie dir, N. N., in die Ohren, um sie zu hören; in den Mund, um damit zu singen; in die Hände, um froh zu arbeiten und zu spielen; in die Füße, um dich freizutanzen.
Die *7. Flamme* ist die Flamme der Hoffnung, die nie in dir verlöschen möge; denn ohne Hoffnung gibt es nicht den täglichen Neubeginn.
So hoffen wir alle, daß aus eurem Kind ein Mensch wird, aus dem die Flammen schlagen und die Funken sprühen: Ein Lichtspiel, an dem wir alle unsere Freude haben.

□ Den Anstoß dazu gab ein Tauflied von Huub Oosterhuis, Im Vorübergehen, Wien [2]1971.

110. Christus in der Welt bezeugen (Firmung)

(ein Gefäß mit Chrisam)

Taufe und Firmung verhalten sich zueinander wie Ostern und Pfingsten. Pfingsten meint: Was Ostern geschah, sollst du jetzt in der Öffentlichkeit vertreten. Vor der Taufe wurdest du auf der Brust mit Katechumenenöl gesalbt (= Salbung zum Kampf gegen das Böse – wie sich die Athleten der Antike vor dem Ringkampf mit Öl einrieben), nach der Taufe mit Chrisam auf dem Scheitel (= du hast Anteil am königlichen Priestertum Christi – wie die Propheten, Priester und Könige in Israel für ihr Amt gesalbt wurden), jetzt wirst du auf der Stirne gesalbt: dort kann es keiner verheimlichen (schon ein winziges Pflaster nach einem Unfall fällt dort auf). Wir sollen Gott und Christus in der Welt bezeugen!
Chrisam ist das vornehmste der drei geweihten kirchlichen Öle (dem Olivenöl werden aromatische Stoffe, vor allem Balsam, beigemischt). Wir sollen unter den Menschen zum »Wohlgeruch« werden, der auf Christus hinweist: wie etwa eine Mutter Teresa bei ihrem Dienst an den Ärmsten die Kraft und den »Wohlgeruch« Christi spüren läßt.
Lesung: 2 Kor 2,14–17 (Den Wohlgeruch der Botschaft von Christus anzeigen).

□ Vgl. Balthasar Fischer, Von der Schale zum Kern, Einsiedeln/Freiburg 1979, S. 15–17.

111. Symbol der Treue (Ehe)

(Ring)

Einen Ring tragen nicht nur Eheleute (Ring = ohne Ende = Treue ohne Ende). Es gibt auch den Bischofsring: Sinnbild für die Verbindung mit Christus und der großen Gemeinde, die ihm anvertraut ist. Auch die Ordensfrau trägt einen Ring, der sie an die Treue zum gewählten geistlichen Leben und zu ihrem Bräutigam Christus erinnern soll.

Der Ehering zeigt nicht nur die Verbundenheit zwischen Mann und Frau: er zeigt auch die Verbindung mit Gott, als dem dritten im Bunde, und die Verbindung mit der Gemeinschaft (= Gemeinde), in der sie stehen; denn keiner lebt für sich allein: wir brauchen auf verschiedenen Ebenen einander.

□ Vgl. Lorenz Wachinger, »Prediger und Katechet« 4/1973, S. 542f.

In einem Gottesdienst (Arbeitskreis St. Elisabeth, Neuss-Reuschenberg, 20. 5. 1979) erhält jeder Teilnehmer einen Ring (aus Kunststoff in verschiedenen Größen): Ringe sind Zeichen der Freundschaft, der Liebe, der Verbundenheit, der Treue. Sie sollen in diesem Gottesdienst deutlich machen: Wir sind in dieser Gemeinschaft alle miteinander verbunden durch die Taufe, den gemeinsamen Glauben, das Mahl, durch Christus (in der Kommunion mit ihm und untereinander verbunden!). Darum wollen wir eine Einheit bilden mit Gott, mit Christus, untereinander.
Evangelium: Joh 15,9–17 (Liebt einander . . .).

112. Die Kräuterweihe – ein »Sakramentle«

(15. August, örtlich verschieden)
(ein Bündel Heilkräuter)

Der Brauch, Blumen, Kräuter und Früchte zu segnen, geht bis ins 10. Jahrhundert zurück. Die Menschen wußten um die heilenden Kräfte der Pflanzen. Auch heute noch werden viele Arzneien aus Pflanzen hergestellt. Die Zahl und Auswahl der Kräuter in diesem Büschel liegt zwischen sieben und einundzwanzig und ist nach Orten und Landschaften verschieden. (Niederaußem in der Nähe von Bergheim bei Köln kennt dabei folgende Kräuter: Katzenminze, Spargelgrün, Fuchsschwanz, Weidenröschen, Feldthymian, Königskerze, Sonnenblume, Malven, Wiesenknopf, Leinkraut, Rainfarn, Beifuß, Osterluzei, Johanniskraut, Wermut.)
Diese Kräuter und Blumen sollen vor Gott und aller Welt die ganze Vielfalt dessen, was Gott »am dritten Tage« schuf, vertreten: »Und Gott sah, daß es gut war«.
Leider wird die Kräuterweihe heute immer seltener. Sie ist uns aber ein Zeichen dafür, wie sehr wir als Christen die ganze Schöpfung in unseren Gottesdienst hineinnehmen und unseren Glauben in die Schöpfung hineinwachsen lassen.

□ Stark verkürzt nach Norbert Esser, Verein der Heimatfreunde von Niederaußem und Auenheim, in dem Heft »Der Krockwösch – der Palmwösch«, Bergheim/Köln.

Eine Verbindung zwischen Kräuterstrauß und Festgeheimnis liegt in folgendem Gedanken: Wie die Kräuter erst im Dahinwelken ihren vollen Duft verströmen, so erlangt Maria im Tod ihre Vollendung: das Eingehen in die Herrlichkeit des Himmels.

□ Wilhelm Nyssen, Köln, Predigt zum Fest Maria Himmelfahrt.

Unter »Kräutersegnung am Hochfest der Aufnahme Mariens in den Himmel« steht im neuen Benediktionale das Segensgebet:
»Herr, unser Gott, du hast Maria über alle Geschöpfe erhoben und sie in den Himmel aufgenommen. An ihrem Fest danken wir dir für alle Wunder deiner Schöpfung. Durch die Heilkräuter und Blumen schenkst du uns Gesundheit und Freude. Segne + diese Kräuter und Blumen. Sie erinnern uns an deine Herrlichkeit und an den Reichtum deines Lebens. Schenke uns auf die Fürsprache Marias dein Heil. Laß uns zur ewigen Gemeinschaft mit dir gelangen und dereinst einstimmen in das Lob der ganzen Schöpfung, die dich preist durch deinen Sohn Jesus Christus in alle Ewigkeit.«

□ Einsiedeln/Freiburg 1978, S. 65; vgl. den ausformulierten Gottesdienst »Jesus ist unser Heil« (Heilkräuter) in »Gottesdienste mit Kindern und Jugendlichen«, Juli 1981.

Andere Ideen

1. *Eine Dose Salbe.* Trost ist wie eine lindernde Salbe auf eine schmerzende Wunde. Trost ist wie eine unverhoffte Oase in einer unbarmherzigen Wüste – du kannst wieder an das Leben glauben. Trost ist wie eine sanfte Hand auf deinem Kopf, wie ein gütiges Gesicht.

□ Vgl. Phil Bosmans, Vergiß die Freude nicht, Freiburg 1977, S. 99. Wollen genau das nicht die Sakramente bedeuten?

2. Weitere Zeichenpredigten

□ Siehe *133 Kinderpredigten,* S. 96–98: SOS-Lebensrettungsring; Arzttasche; S. 30: Stützstab.

3. S. oben »Rundumerneuerung«, Nr. 77, und die Zeichenpredigten zu Pfingsten, Nr. 75ff.

Im Jahreskreis – V. Die Kirche

113. Eine froh- und freimachende Kirche
(eine Schaukel)

Das Brett der Schaukel hier dient als Sitz, das hier als Rückenlehne, die Querlatte als Haltestütze. Zwei Seile sind oben an stabilen Eisenträgern festgemacht. Es fehlt noch ein Kind in der Schaukel. Der Vater gibt der Schaukel einen Schubs. Das Kind umklammert mit seinen Händen fest die Seile und schwingt in der Bewegung der Schaukel

mit: immer höher, immer schneller. Sollte es langsamer werden, hilft der Vater ab und zu nach. Und das Kind jauchzt vor Vergnügen, weil es die Welt von unten und, ganz ungewohnt, die Welt von oben sieht.
Die Kirche gleicht auch einer Schaukel: Sie wurde an den Seilen der Liebe Gottes befestigt und durch die Hand des Vaters, den Heiligen Geist, am 1. Pfingsttag in Schwung gebracht. Sie schwang vom Heiligen Land aus in die große Welt. Zunächst saßen ganz einfache Leute in der Schaukel: Fischer, Zeltmacher, Landarbeiter. Schließlich großartige Herrschaften: Kaiser, Könige, Päpste, Bischöfe, Fürsten . . . Aber die leichte Schaukel paßte den Herrschaften nicht mehr: sie mußte prächtiger und bequemer umgebaut werden; das machte sie aber auch schwerer und unbeweglicher. Sie wurde immer langsamer, und viele waren zu beschäftigt, um den Schubs aus Gottes Hand (ab und zu) noch wahrzunehmen.
Dann kam Papst Johannes XXIII. Im letzten Konzil wurde die Schaukel wieder umgebaut: sie wurde leichter, beweglicher; ja, sie kam wieder in Schwung. Manchen schwingt sie zu schnell, mancher muß sich noch an den neuen Rhythmus gewöhnen, aber wer sich darauf einläßt, stellt fest: Je höher man fliegt, um so weiter der Blick. Jedenfalls brauchen wir keine Angst zu haben: Die Kirche wird von Gottes Liebe gehalten und mitbewegt. Wir wünschen uns die Kirche als froh- und freimachende Schaukel des Heiligen Geistes.

□ Verkürzt nach Karl Heinz Pfeiffer, »Anzeiger für die Katholische Geistlichkeit« 7/1979, S. 238.

Andere Ideen

1. Licht der Sonne zurückstrahlen (Sonne-Mond-Modell). Die Kirche ist wie der Mond, der nicht aus eigener Kraft leuchtet, sondern das Licht der Sonne zurückstrahlt. Dadurch kann er selbst zum Licht in der Dunkelheit werden. Die Menschen sehen den Mond und sehnen sich doch nach der Sonne. Jesus Christus ist unsere Sonne, nach der wir uns sehnen. Aber solange es auf der Welt oft noch Nacht ist, kann auch der Mond eine große Hilfe sein.
Manchmal schieben wir uns als deine Kirche vor dich, wie der Mond sich vor die Sonne schiebt und eine Finsternis herbeiführt. Herr, hilf deiner Kirche, dein Licht weiterzuschenken, um die Dunkelheiten dieses Lebens und dieser Welt aufzuhellen und zu erleuchten. Hilf ihr, den Menschen einen Vorgeschmack deiner Herrlichkeit, deiner Freude zu vermitteln, bis wir am Beginn des Neuen Tages dein Licht klar und deutlich sehen können.

□ Mappe zum Kölner Domfest, »Wenn Steine Brot werden«, S. 9. (Erzbistum Köln, Marzellenstr. 32, 5000 Köln 1)

2. *Wenn Steine Brot werden* (Bild einer Kirche – jeder erhält einen Stein oder ein großer Stein liegt in der Mitte) (Meditation/Bußandacht).
Bringen wir als lebendige Steine der Kirche diese aus Stein gebaute Kirche zum Leben? Oder sind wir zu Stein gewordene Zeugen ehemaligen Lebens? Wir schauen auf den Stein in unserer Mitte (spüren ihn in unserer Hand). Dieser Stein kann zum Ärgernis werden: auf wen haben wir heute einen Stein geworfen? Wem sind wir zum Stein des Anstoßes geworden? Auch Worte können Steine sein, erschlagen (Schlagworte)! Wem haben wir Steine in den Weg gelegt – Stolpersteine? Wer hat sich an unserem steinernen, gefühlloskalten Herz verletzt? Wem haben wir Steine anstelle von Brot gegeben? Steine anstelle von Freundlichkeit? Steine anstelle von Hoffnung? Steine anstelle von Liebe? Wo haben wir unser Gesicht härter gemacht als Stein? Ohne Lächeln? –
Ob die Kirche wieder zu einem Betlehem werden kann? Betlehem heißt übersetzt »Haus des Brotes«. Jesus will im Wort und im Sakrament mitten in den Steinen einer Kirche lebendiges Brot sein. Wir erfahren etwas davon, wenn nach und nach unsere Steine Brot werden.

□ Weiterführend: Heinrich Kahlefeld / Otto Knoch, Die Episteln und Evangelien der Sonn- und Festtage. Episteln XI, Frankfurt 1972, S. 596f: H. Arens, »Ein Brief ins Herz geschrieben«.

Im Jahreskreis – VI. Verschiedenes

114. Frieden machen, wo Streit ist

(ein dickes Seil mit einem Knoten)

Dieser Knoten im Seil soll einen Streit versinnbildlichen. Nikolaus von der Flüe, der Schweizer Nationalheilige, hielt ein solches Seil den zerstrittenen Eidgenossen vor und fragte: »Wie kann ich diesen Knoten lösen? Indem an beiden Seiten gezogen wird? Indem einer nachgibt und der andere weiterzieht? Auch dann bleibt der Knoten! Er läßt sich nur lösen, wenn beide Seiten nachgeben, einander entgegenkommen, um im Gespräch mit vereinten Kräften das Problem zu lösen.« Jede wirkliche Versöhnung muß von beiden Seiten gewollt sein, sonst bleibt alles leeres Getue.
(Es können Kurzszenen zum Thema »Streit – Frieden« vorgespielt werden, an deren Anfang oder Ende immer wieder pantomimisch das falsche und richtige Verhalten am Seil demonstriert wird.)
Evangelium: Mt 5,23–26 (Versöhne dich zuerst); Mt 5,38–42 (Von der Vergeltung); Mt 5,43–48 (Von der Liebe zu den Feinden); Mt 18,21–22 (77 × vergeben); Mt 18,23–35 (Der unbarmherzige Gläubiger wird bestraft).

□ Von Pius Karpf aus Arusha, Tansania, Afrika, zugeschickt; s. auch die Zeichenpredigt zum Friedenssonntag »Eine Rolle Stacheldraht und eine Rose« in *133 Kinderpredigten,* S. 33f.

115. Haltbares Glück finden
(eine Brücke mit drei Pfeilern)

Zu einer Hochzeit

Lesung: 1 Kor 13,4–7.13 (Das Hohelied der Liebe).
Die Ehe, die Sie heute beginnen, möchte ich mit einem Brückenbau vergleichen. Sie soll eine große Spannweite haben, reicht sie doch ein ganzes Leben weit (bis ans Ufer der Ewigkeit). Eine solche Brücke braucht solide Pfeiler. Als ersten Pfeiler empfehle ich Ihnen die Liebe; nicht die der himmelhochjauchzenden Augenblicke, sondern die des Alltags: eine selbstlose Liebe, die Sie hoffentlich bisher erlernt haben, die aber auch ein Geschenk ist: Wer gibt, empfängt. Wer empfängt, kann geben. Wer weiß schon, wieviel wir in unserer Kinderzeit empfangen haben, wer weiß, wieviel wir täglich von Gott empfangen!? Eine solche Liebe trägt nicht nur, solange der Körper schön ist.
Als zweiten Pfeiler empfehle ich den Glauben. Gott bietet Ihnen an, der Dritte im Bunde zu sein. Er will Ihre Verbindung haltbar machen. Die sakramentale Ehe ist ein Angebot Gottes, in seiner Nähe zu leben und aus dieser Nähe heraus manchmal Berge von Mißverständnissen und Schwierigkeiten zu versetzen.
Als dritten Pfeiler empfehle ich die Hoffnung, die auch dann noch den langen Atem und die Geduld hat, wenn alles verloren erscheint. Wir haben Hoffnung über den Tod hinaus.
Paulus sagt: Die Liebe ist die größte dieser göttlichen Tugenden. Darum setzen Sie am besten den Pfeiler der Liebe in die Mitte: er kann Glaube und Hoffnung in der richtigen Spannung halten.

□ Vgl. Werner Reimann in »Prediger und Katechet« 2/1970–71, S. 162–64; s. u. Nr. 120 »eine Brücke mit vielen Pfeilern«.

116. Was uns die Hände sagen können
(Hände)

Heute habt ihr schon alle mitgebracht, worüber ich sprechen will: die Hände. Wir schauen sie uns an . . . Was können sie alles ausdrücken? . . . Halt geben, anpacken, streicheln. . . ., »auf Händen tragen«, bittend ausstrecken, den Leib des Herrn empfangen; da gibt es die fürsorgenden Hände der Mutter, die schützende, starke Hand des Vaters, die Geborgenheit gibt . . . Hände können aber auch würgen, töten, zuschlagen, zurückstoßen, als »erhobener Zeigefinger« vielleicht selbstgerecht mahnen . . .
Es können auch alle Teilnehmer aktiviert werden: ein Block droht mit Fäusten: Kreuzige ihn! – Die Hand zum Frieden reichen; abstimmen; winken; Beifall klatschen.
Hände »sprechen« also; wir können auch ohne Wahrsagerin aus ihnen das Leben lesen.
Gott hat auch Hände: Jesus. Seine Hände heilten, trösteten, spendeten neues Leben, ließen sich für uns durchbohren . . . Heute sind wir seine Hände . . .

Dann können Kinder und Jugendliche sprechen:

1. Es sagte einmal die kleine Hand zur großen Hand: Du große Hand, ich brauche dich, so wie die Blume emporrankt am Holz, das ihr Halt gibt.
2. Ich bedarf deiner Kraft und deiner Erfahrung. Ich möchte lernen von dir, wie man das Schwächere birgt, hegt und behütet.
3. Ich möchte lernen, wie man den Strauchelnden hält und dem Geängstigten Mut gibt. Wie man dem Unrecht wehrt und für das Notwendige einsteht.
4. Ich bitte dich, daß ich dir zugewandt sein darf ohne Arg. Daß du nach Zeiten der Arbeit und Mühe mit mir spielen wirst.

Danach sprechen Erwachsene:

1. Und es sagte die große Hand zur kleinen Hand: Du kleine Hand, ich brauche dich, damit ich nach Hasten und Lasten der Tage einmal ausruhen kann und mich löse und freier werde.
2. Ich möchte lernen von dir das so lange vergess'ne Vertrauen: Einer ist da, der mich hält und führt und begleitet! Mit dir möchte ich wieder ein Gebet versuchen, das sich bittend dem hingibt, in dessen Treue wir alle geborgen sind, auch die Zweifler.
3. Ich bitte dich: Wenn ich verkrampft bin in Zorn und Verzweiflung, müde und matt von den Niederlagen des Tages, sei bei mir wie heute, einfach hingehalten und offen, daß meine Schatten vertrieben werden vom Licht.
4. Du kleine Hand, zeige mir immer wieder das Wunder, daß wir alle unsagbar geliebt sind.

□ Nach dem Pfarrbrief 3/1980, Arnold-Janssen-Gemeinde, Goch.

Evangelium: Mt 19,13 (Hände auflegen); ähnlich Mk 6,5; 7,32; 16,18; Lk 4,40, um nur dieser Bedeutung ein Stück nachzugehen.

□ Es gibt dazu eine unübersehbare Fülle an Literatur, u. a.: Josef Bill, Begegnung in Bild und Meditation, Stuttgart 1972; Joh. Bours, Die Hand Christi, Emmerich 1962; »Materialbrief« 1/1973 »Hände«; Günter Lange, »Aller-Hand«, in: Ralph Sauer, Verkündigung an Kinder, Einsiedeln 1972, S. 143–46; Stephan Wisse, Er legte ihnen die Hände auf, »Prediger und Katechet« 4/1973, S. 509–512; Dia-Meditation Nr. 17, Hände halten, Impuls Studio, München; »Gottesdienste mit Kindern und Jugendlichen« 3/1979: »Wir wollen seine Hände sein«; ebenda: »Hände – zerstören oder heilen«, 4/1978; ebenda: »Ich habe Hände« 1/1979; Franz Kett, Kinder erleben Gottesdienst, München [2]1979, S. 60–66.

117. Was uns die Hände in der Kirche sagen können
(Hände)

(Aus dieser Materialsammlung bitte auswählen!) Wir beginnen mit den durchbohrten Händen am Kreuz: So weit ging die Liebe Christi! Vielleicht wurden deshalb bei der Priesterweihe früher noch die inneren Handflächen des Priesters mit zwei kleinen Kreuzen gesalbt (mit Chrisam), um auszudrücken: Du kannst deinen Dienst nur tun, wenn du dein Leben unter das Kreuz stellst.

Bei der *Messe* am Altar betet der Priester mit ausgebreiteten Händen vor dem Altar (wie der fromme Moslem auch!): zwei leere, nach oben offene Schalen, die Gott füllen soll. Wie Luther in seiner Todesstunde sagte: »Wir sind Bettler – das ist wahr!« Zugleich sind die geöffneten Hände das Gegenteil der drohend erhobenen Faust des selbstherrlichen oder gewalttätigen Menschen: Wir verzichten vor Gott auf allen Leistungsstolz.

Wenn ihr betet, legt ihr die Hände zusammen. Das heißt: Jetzt soll das gewöhnliche Tun für eine Zeitlang aufhören; die Hände dürfen »zu sich« kommen.

»Gebt einander ein Zeichen des Friedens und der Versöhnung«, heißt es nach der Brotbrechung vor der Kommunion: Die offene Hand (es ist kein Dolch oder heimtükkischer Gegenstand darin verborgen; das Händereichen war also von altersher ein Zeichen der Offenheit und des Friedens) ist ein Zeichen der Liebe, der Brüderlichkeit, der Eintracht, des Friedens. »Herr, gib dich in meine Hand, wie auch ich mich in die Hand meines Bruders gebe!«

Warum legen wir vor dem Empfang des Leibes Christi die rechte Hand unter die linke? Wir sollen mit unseren Händen gleichsam einen Thron bauen zum Empfang des himmlischen Königs: die Rechte ist die Stütze des Thrones und die Linke der Thronsitz.

Die Hände des Priesters werden bei der Gabenbereitung nicht gewaschen, weil sie schmutzig sind; das hatte einmal Bedeutung, als die Gläubigen Naturalien als Gabe zum Altar brachten. Heute gilt hier das Psalmwort: »Wer darf . . . stehen an seiner heiligen Stätte? Der reine Hände hat und ein lauteres Herz, der nicht betrügt und keinen Meineid schwört« (Ps 24 [23], 3f): Gott soll dem Priester die Schuld abwaschen.

Bei der heute möglichen *Beichte* im Beichtzimmer kann wieder der altchristliche Brauch zum Zuge kommen, daß der Priester dem Beichtenden zur Lossprechung beide Hände aufs Haupt legt. Der Sinn dieser Geste wird am deutlichsten an der Stelle ausgesprochen: »Durch den Dienst der Kirche schenke er (der barmherzige Vater) dir Verzeihung und Frieden.«

Bei der *Krankensalbung* in neuer Gestalt geht der Priester vor der Salbung zuerst von einem zum anderen, um ihnen schweigend beide Hände aufs Haupt zu legen: Zeichen der beruhigenden und tröstenden Kraft, die von diesem Sakrament ausgeht.

Ähnlich die Hände des Priesters bei der Kindersegnung nach Weihnachten, beim Primizsegen, bei den Schulneulingen. Ähnlich auch die Handauflegung zur Amtsübertragung (Apg 6, 5f) bei der Weihe von Diakonen, Priestern und Bischöfen.

So werden auch die beiden ineinandergelegten Hände der *Brautleute* mit der Stola umwickelt: »Der Herr, unser Gott, festige den Ehebund, den Sie vor ihm und seiner Kirche geschlossen haben.« Gott, der Dritte im Bunde, der mitgehen will.

□ Vgl. Balthasar Fischer, Von der Schale zum Kern, Einsiedeln/Freiburg 1979, S. 18–20, 24–29, 36–38, 89f; oder Bruno Kleinheyer, Heil erfahren in Zeichen, München 1980, S. 24–28, 92–97, 118–21, 135–39, 155–67, 179–85.

118. Wenn Jesus die Mitte wäre …
(ein Wagenrad)

Dieses Rad, ein Symbol für unsere Gemeinde, wird bestimmt durch Nabe, Speichen und Mantel.
Ist die Nabe, das Herzstück des Rades, für uns Christus? Mitte des Lebens, ruhender Pol, Mittelpunkt der Gemeinde?
Die Speichen sind die Querstreben als die verbindenden Stücke. Sind wir bereit, Stützen, Streben, Boten der »Frohen Botschaft« zu sein?
Der Mantel gibt dem Rad die Lauffläche. Er muß rund sein und genügend gespannt, um Lasten auszuhalten. Sind wir als Gemeinde bereit, uns einspannen zu lassen?
In einer Tanzmeditation auf Hintergrundmusik wird folgender deutender Text gesprochen:

1. (Alle Personen gehen ungeordnet, mit mürrischen Gesichtern aneinander vorbei – Parallele Gemeinde.) Jeder lebt für sich. Die anderen sind nicht weiter von Interesse.
2. (Alle laufen einem nach, stumm und mit abweisenden Gesichtern – Gemeinde:) Es ist nicht sinnvoll, jemandem blindlings zu folgen ohne eigene Initiative. Jeder soll seine Gedanken und sich selbst einbringen.
3. (Kleine Gruppen – 2 oder 3 – bilden sich, aber jede Kleingruppe ist mit sich beschäftigt, immer noch kein Zusammenhalt:) Initiative in Kleingruppen. Aber der eigentliche Sinn der Gemeinde ist das noch nicht; denn jede Gruppe ist für sich und die andere wird als Konkurrenz gesehen, oder man begegnet ihr mit Gleichgültigkeit.
4. (Alle bilden einen großen Kreis, der viele Beulen hat und eigentlich kein Kreis ist; alle halten sich an den Händen und laufen umher, aber ohne Bezug zueinander:) Auch so kann es in einer Gemeinde sein: Man reicht sich zwar die Hand und tut etwas gemeinsam, aber der Kern fehlt. Es fehlt die Achse, die allen einzelnen Gliedern Festigkeit und Richtung gibt.
5. (Die Osterkerze wird angezündet und in den Kreis gestellt. Jeder legt die rechte Hand auf die Schulter des Vordermannes und hält den linken ausgestreckten Arm zur Mitte hin:) Jetzt hat der Kreis seinen Mittelpunkt bekommen. Alle Gemeindemitglieder sind fest miteinander verbunden. Sie kennen die Richtung. Sie haben Halt – einen sicheren Mittelpunkt, stark und verläßlich: Christus! Wenn ER Mittelpunkt einer Gemeinde ist, dann ist der richtige Dreh- und Angelpunkt vorhanden.

□ Angelika Koppers, Goch; vgl. o. Nr. 62 Zeichenpredigt zur Erstkommunion: »Eine Mitte haben«.

119. Predigt zum Abschied eines Priesters aus der Pfarre

Alle Gegenstände, die der Priester auswählt, hat er mitgebracht und verteilt sie an einzelne Kinder – sofort oder am Ende des Gottesdienstes –, nachdem er die wesentliche Aussage gemacht hat. Bitte aus der Fülle auswählen!

Heute stehe ich zum letzten Mal unter euch. Wie oft habe ich das Wort Gottes erklären dürfen! Ich war nur ein Wegweiser zu Jesus und zu Gott. Keiner darf bei mir stehen bleiben. – Hier seht ihr eine Menge Gegenstände. Die will ich euch schenken. Sie sollen an etwas Wichtiges erinnern.

1. Hier ein Brot (er verteilt das Partybrot). Wir sollen uns an den Hunger in der Welt erinnern. Nur, wenn wir mehr teilen, geht es überall gerechter zu. – Das heilige Brot auf dem Altar kann unseren inneren Hunger stillen . . .
2. Hier eine Brille. Wir sollen als Christen genauer hinsehen, um die Not des Nachbarn – in der Nähe und Ferne – zu sehen. Um seine innere Not zu bemerken, muß sie besonders geschliffene Gläser haben. Dann kannst du sogar Jesus in den Gesichtern der Menschen wiedererkennen.
3. Hier ein Taschentuch. Für unsere Tränen! Solange wir noch weinen können, sind wir nicht verloren. – Vergessen wir nicht: Jesus wird einmal *alle* Tränen trocknen.
4. Hier ein Pfennig. Es soll kein Glückspfennig sein. Dieser Pfennig soll uns sagen: Achte das Kleine am Wege! Pack schon mal zu, ohne gleich die Hand aufzuhalten. Ja, könnten wir so dienen, wie Jesus es tat!
5. Hier eine Handvoll Erde in einer schönen Schale. Die Erde sagt uns, woher wir kommen und wohin wir zurückkehren. Sie ruft uns zu, nicht zu stolz und selbstsicher zu werden und zu meinen, wir hätten Gott nicht nötig. – Wer will etwas Schönes hineinpflanzen?
6. Ein Streichholz in einer Schachtel (oder eine Kerze). Wir können es in jeder Dunkelheit anzünden. Denn es ist besser, ein Licht anzuzünden, als über die Finsternis zu schimpfen. Jesus, das Licht der Welt, hat jetzt schon alle Dunkelheit und Bosheit besiegt.
7. Ein paar Salzkörner in einem Tütchen, damit wir alle Eispanzer der Verbitterung um so viele Herzen schmelzen können; damit wir schmackhafte Würze sind für diese Welt und mithelfen, sie vor aller Fäulnis zu bewahren.
8. Eine Perle, damit wir nicht vergessen: aus Verletzungen (= Wachstumsbeginn der echten Perle), aus Bedrohlichem kann auch Kostbares entstehen. Durch seinen Gehorsam und den Kreuzestod hat Jesus uns erlöst.
9. Ein Stück Hefe, damit wir, die kleine Handvoll Christen, die große Welt durchsäuern und ändern. Jesus hat uns Mut dazu gemacht.
10. Ein kleines Senfkorn. Du kannst es kaum sehen. Es will uns sagen: Denke an die Kraft und die Möglichkeiten des Glaubens. Der Glaube kann sogar Berge verset-

zen, sagt Jesus. Dieses Senfkorn kann zum Baum werden, und viele Vögel können sich darin ausruhen.

11. Hier eine Rose. Damit wir das Vollkommene und Schöne achten und Sehnsucht haben nach dem Duft (riechen!) der anderen Welt, die wir noch erwarten.

(Weiter sind möglich: Ein Schlüssel = Wort Gottes in der Bibel, das uns das wirkliche Leben aufschließen kann. – Ein Blatt = für Sauerstoff sorgen und aus der Kraft des Stammes = Jesus leben. – Ein Puzzleteil oder eine Schraube = wir sind klein im Getriebe der Welt, aber wichtig: Am Leibe sind die Glieder ganz füreinander da!)

12. Zuletzt dieses Kreuz. Wer hat den Mut und hängt es zu Hause auf, daß es jeder sehen kann? Es ruft uns zu wie jedes Kreuz auf den Bergen und an den Wegen: Jesus ist der Weg, die Wahrheit und das Leben.

□ Inspiriert zu dieser Predigt hat mich das Gedicht »Nachlaß« von Rudolf Otto Wiemer.

Zeichenpredigten zum Schuljahresende und -anfang

120. Brücken bauen
(eine Brücke mit vielen Pfeilern)

Das Leben der Schulzeit ist mit dieser gebastelten Brücke zu vergleichen, die dich an ein Ufer bringen kann, wo du einmal zufrieden sein kannst, weil du dort Kleidung, Essen, ein Auto und vielleicht ein Häuschen selbst erarbeiten kannst. Das ist nicht wenig; vielleicht suchst du noch größere Ziele auf der anderen Seite.
Bei jedem Schulabschnitt wird ein Brückenpfeiler gesetzt, der dich nicht ertrinken läßt im Strom der Welt. Jedes Zeugnis überprüft, ob der Pfeiler auch auf festem Grund steht. Die in den weiterführenden Schulen sollen nicht hochmütig auf die Grundschüler schauen: Ihr seid nicht wertvoller oder was Besseres – ihr seid nur weiter beim Brükkenbau.
Ich möchte noch einen Schritt weitergehen: Unser ganzes Leben ist ein großer Brükkenbau zwischen der Welt und Gott, jeder Pfeiler ein Lebensabschnitt. Jedes Stück Brücke, in die richtige Richtung über den Strom gebaut, müßte uns den Sinn des Lebens näherbringen. Jede Minute können wir an unserer Brücke bauen. Vielleicht baust du sie so stark, daß du andere auf ihr mit hinübergehen lassen kannst.

□ Vgl. Karl Theo Gabriel/Rüdiger Müller, »Prediger und Katechet« 4/1977, S. 582–84.

Jesus bringt ein ähnliches Bild:
Evangelium: Mt 7,24–27 (Vom Mann, der auf Felsen baute).

□ Vgl. »Eine Brücke mit drei Pfeilern« (Hochzeit) o. Nr. 115; »Brücken«, s. o. nach Nr. 12, »Andere Ideen« Nr. 6 und 7.

121. Segnung der Schulneulinge
(eine bunte Einschulungstüte mit mehreren Gegenständen – siehe Text)

Ihr seht, ich habe auch so eine Tüte, wie ihr sie jetzt im Arm habt. Ich will mal auspacken und zeigen, was alles darin ist: (Bitte auswählen nach dem Motto: Weniger ist mehr!)

a) Hier ein Apfel. Die Schule, die jetzt auf euch wartet, soll wie so ein Apfel sein: sie soll euch Appetit machen, sie soll zum Reinbeißen schön sein, sie soll euch gut schmecken, sie soll für euch eine runde Sache sein, und hoffentlich – ist kein Wurm drin!

b) Dieser Stundenplan zeigt dir: Du bist jetzt größer geworden. Wie bei den Erwachsenen warten jetzt Termine auf dich. Aber du willst ja auch mehr lernen, mehr wissen: so lernst du jetzt mehr Tiere mit Namen kennen (eventuell wird jetzt ein Tierquartett gezeigt) oder Noten (ein Notenheft zeigen), denn Musik ist eine feine Sache!

c) Aber bei all dem Lernen bleibt es schön; das Spielen brauchst du nicht zu vergessen (Ball zeigen), und so lustige Sachen können (ein gebastelter Fisch) auch gebastelt werden.

d) Das ist euer Lehrer (ein von Kindern gemaltes lächelndes Gesicht wird gezeigt): Seht ihr, wie gut gelaunt er ist? Lehrer und Lehrerinnen meinen es immer gut mit euch. Und wenn ihr mal einem begegnet, der böse ausschaut, dann vergeßt nicht: der ist böse gemacht worden.

e) Noch etwas Wichtiges: Diese Halskette hier: Wenn ich sie an einer Stelle zerreiße, dann fallen die Kugeln zu Boden. Dann kann es sein, daß eine Kugel so weit wegrollt, daß ihr sie nicht mehr seht. So wie diese Kette sollt ihr in eurer Klasse zusammenhalten: Jeder soll gut zum anderen sein, dann gefällt es euch viel besser. Laßt keinen fallen, und schiebt keinen in die Ecke!

Also: die Schule wird eine interessante Sache für euch werden. (Möglich wäre auch noch die gelbe Mütze als »Statussymbol« etc.)

□ Vgl. Rommel/Schmeißer, Schulabschluß – Ferien – Schulanfang, Freiburg 1976, S. 153f.

f) Zum Schluß kommt jetzt das Wichtigste: Ein Kreuz. Ihr wißt schon, was darauf dargestellt ist. Jesus breitet die Hände am Kreuz aus, als wenn er uns umfangen wollte, wie die Mutter oder die Geschwister schon das Fangspiel mit dir gespielt haben. Ihr seid jetzt alt genug, noch viel mehr über Jesus zu erfahren und auch sonntags mit Mutter und Vater zur Familienmesse zu kommen. Denn wer Jesus zum Freund haben will, muß auch Zeit für ihn haben.

Vielleicht wird den Kindern ein kleines Erinnerungszeichen, ein Bild in Postkartengröße von Dorothea Steigerwald gegeben: K 31 »Friede« oder K 43 »Zuflucht«, Brendow-Verlag, Postfach 1280, D-47402 Moers. Anhand des Bildes, das ein Kind geborgen in einer großen Hand zeigt, kann auch vom Schutze Gottes gesprochen werden.

Evangelium: Mt 19,13–15 (Segnung der Kinder).

Andere Ideen

1. *Die Chance* (ein Knäuel Wolle). Von diesem Knäuel Wolle hier ist nur das kleine Stück Wollfaden sichtbar, greifbar. Ähnlich ist es mit dem neuen Schuljahr. Ob sich das Knäuel glatt und reibungslos abwickeln läßt, ohne Knoten (= Probleme, Enttäuschungen), steht noch dahin. Ob sich ein Wollknäuel einigermaßen reibungslos abwickeln läßt, liegt auch an mir, der ich abwickle. Jesus ermuntert uns zu folgendem: Mt 5,14;

7,1; 7,12; 18,15; Mk 9,35; 9,50. Alles Gute im neuen Schuljahr, dem Jahr neuer Angebote und Chancen.

□ Vgl. Kurt Bucher, Modelle für Schulgottesdienste, Luzern 1978, S. 157–63; vgl. auch *133 Kinderpredigten,* S. 32, Andere Ideen 2: hier ist dieses Thema auf Neujahr bezogen.

2. *Ein Siegerkranz* (Sport). Dafür hat sich der Läufer . . . ganz schön anstrengen müssen. So wie ihr ein ganzes Jahr um das Ziel des Schuljahres gekämpft habt . . .

3. *Weitere Zeichenpredigten*

□ *133 Kinderpredigten,* S. 105–10: Ein Zeugnis, ein selbstgemachtes Zeugnis, ein Pustefix, ein Bündel Stäbe, eine Schraube, eine Orgelpfeife, ein Mobile, ein Fußball, und S. 108: je eine Gladiole mit und ohne Blüten, drei Personen mit besonderen Fähigkeiten.

4. *Eine große Wäscheklammer:* »Die Klammer, die uns zusammenhält«, s. *Anschauliche Predigten,* S. 69.

Zeichenpredigten zur Ferienzeit

122. Die tausend Gesichter Gottes sehen

(für jeden Teilnehmer eine Glaskugel bzw. Murmel mit buntem Motiv)

Ein Kind war im Traum unterwegs. Seltsame Wege mußte es gehen, dann glaubte es sich verirrt zu haben. Da begegnet ihm ein uralter Mann mit weißen Haaren und gütigen Augen. »Kannst du mir den richtigen Weg zeigen?«, fragt das Kind. Und der Mann antwortet: »Dann muß ich dich erst besser kennenlernen. Erzähle mir von dir!« Und das Kind erzählt: »Wie oft sitze ich noch über meinen Schularbeiten, wenn andere draußen schon Ball spielen oder im Schwimmbad liegen. Und trotzdem geht bei mir in der Schule soviel schief. Ich bin immer öfter enttäuscht!« »Schön«, sagt der alte Mann, »was tust du denn sonst noch?« Das Kind denkt nach, zögert etwas, aber sagt schließlich: »Manchmal spiele ich mit einer wunderschönen Glaskugel – eine viel schönere als die in euren Händen. Und wenn sie das Licht einfängt, wenn das Licht in tausend bunte Strahlen gebrochen wird, dann fühle ich mich endlich frei und froh und vergesse alle meine Sorgen; ja, mich selbst!«
Das Kind schweigt beschämt, weil es befürchtet, daß dieses Spiel jetzt verurteilt und als nutzlos beschimpft wird. Aber der Mann sagt: »Das waren deine besten Augenblicke: Jedesmal, wenn du die Wolken am Himmel betrachtest oder die Wellen im See, die bunten Steine im Bach, den Schmetterling, wie er von Blüte zu Blüte gaukelt und sie küßt, dann wirst du jedesmal eins mit dir wie beim Spiel mit der Glaskugel. Dann bist du auf dem rechten Weg. Dann hast du die meiste Freude!«

□ Verkürzt und verändert nach einer Geschichte bei Helmut Heiserer, Gottesdienstmodelle für Schule, Ferien, Lager, München 1975, S. 54f.

Jetzt sind wir ganz nahe an der Stelle, die uns in der Bibel berichtet wird:
Evangelium: Mt 18,1–5.10a (Wie die Kinder werden).
Jesus meint damit nicht die Kinder, die schon durchs Fernsehen so abgestumpft wurden, daß ihre eigene Phantasie eingeschlafen ist, auch nicht die Kinder, die schon durch Erwachsene verdorben wurden. Er meint: Kinder können noch staunen. Kinder haben noch die richtige Sicht für Dinge, die sie umgeben. Sie können im Spiel alle Sorgen vergessen; mit ganz einfachen Dingen glücklich werden, weil ihre Phantasie aus einem groben Holzklotz eine schöne Puppe machen kann. Das Lachen der Kinder kann anstecken. Es fällt uns leicht, zu ihnen zärtlich zu sein, weinende Kinder zu trösten.
Jesus meint also: Wenn ihr nicht wieder so einfach wie die Kinder werdet, so frei, anspruchslos, froh, verspielt, glücklich, vertrauend, können wir kein Stückchen Himmel auf unsere Erde holen! Wir müssen uns natürlich um das Lernen und Weiterkom-

men bemühen, aber der Terminblock, das Zweckdenken darf nicht zum Wichtigsten werden, sonst verlieren wir unsere Mitte.
Nimm diese Glaskugel mit, packe sie in den Ferienkoffer oder lege sie auf den Nachttisch; frage dich, wenn du sie siehst: Habe ich heute die tausend Strahlen, die tausend Gesichter Gottes in der Natur und in den Gesichtern der Menschen gesehen? Nur so kann ich meine Seele einholen.
Evangelium: Mt 6,25–34 in Auswahl (Seht die Vögel und die Lilien auf dem Feld).

Eingebaut werden kann auch die Geschichte »Wie Bruder Tau das Kind zum Bürgermeister machte«, s. *Kurzgeschichten 1*, Nr. 186.

123. Das Lebensrad

(ein Fahrrad)

Ein solches Rad ist besonders in den Ferien eine gute Hilfe. Auf Rädern kommen wir schnell voran, ob es nun Fahrräder, Auto- oder Eisenbahnräder sind. Das Rad sagt uns aber auch etwas über unser Leben aus.
Wichtig am Rad ist die Felge. Sie darf nicht aus Pappe sein, sonst bricht sie sofort bei der Fahrt über holprige Straßen und durch Schlaglöcher zusammen. Wir brauchen Festigkeit, um auf den Straßen der Welt zum Ziel zu kommen, um nicht auf einem Schrotthaufen zu landen.
Die Speichen hier müssen den Druck aushalten. Wenn einige fehlen oder zu locker geworden sind, gibt es Bruch. Wir brauchen solche Stützen (Eltern, Lehrer, Priester, gute Freunde), um den Druck der Schule z. B. abfangen, um Lasten tragen zu können.
Das Rad braucht die Mitte, eine feste Achse, um die es sich dreht, sonst torkelt es richtungslos umher. Die Achse unseres Lebensrades muß stabil sein. Ist Christus unsere Mitte, sein Leben unsere Ausrichtung?
Auf guten Rädern kann ich Lasten transportieren, ja Menschen mitnehmen. Wenn ich dafür sorge, daß mein Lebensrad in Ordnung ist, komme ich schnell voran und kann für andere eine Hilfe sein; kann sie vielleicht ein Stück weit mitnehmen.
Am schönsten ist es, wenn wir mit mehreren *gemeinsam* fahren. Sucht euch Freunde, die auch ihre Räder »in Ordnung« haben, dann wird die Fahrt viel Freude bringen.
Lesung: 1 Joh 5,1–5 (sich auf Christus und Gott ausrichten).
Evangelium: Mt 7,24–27 (auf *festen* Grund bauen); Mt 10,7–13 (wir sind – seit der Taufe und Firmung – ausgesandt, anderen eine Hilfe zu sein); Joh 15,4–7 (Ausrichtung auf Christus).

□ Nach einer Predigt von Bischof Hugo Aufderbeck in »Sternsinger« Diaspora Nr. 3/1979, Paderborn; s. auch u. Nr. 142 »Rad des Lebens – Rad des Todes«.

124. Ich soll Gottes Botschaft in die Welt tragen
(ein leerer Briefumschlag)

Wie viele hoffnungsvolle Augen sind auf den Gruppenleiter gerichtet, wenn er im Lager die Post austeilt! An dieser Erfahrung anknüpfend, hat jeder der Teilnehmer einen Briefumschlag in die Hand bekommen. Zuerst meditiert der Prediger über den leeren Briefumschlag:

Lieber Briefumschlag! Du bist leer und wartest auf eine Botschaft, die zwei Menschen miteinander verbindet. Du selbst bist nicht die Botschaft, nur der Überbringer. Aber du bist wichtig, weil ohne dich die Botschaft nicht abgeschickt wird. Was enthält deine Botschaft? Ermutigt sie, ist sie freundlich, spricht Liebe aus ihr? Wie wird dein Kommen aufgenommen? Gleichgültig, voller Angst, mit Freude? – Wirst du anschließend zerrissen, zerknüllt oder liebevoll aufgehoben? – Aber in jedem Fall erfüllst du deinen Auftrag – sei der Weg auch noch so lang durch die Luft, per Bahn oder Auto bis zum Empfänger.
Das ist ein Bild für unser Leben! Auch wir fühlen uns manchmal so leer wie dieser Umschlag. Aber Gott hat uns ins Leben gerufen, um seinen Auftrag zu erfüllen, nämlich: eine Antwort auf seine Liebe zu geben. Bringe ich die frohe Botschaft, indem ich vergebe, entgegenkomme, hilfsbereit bin, zuhöre, oder denke ich meistens nur an mich? Stelle ich die Kräfte meines Leibes und der Seele in seinen Dienst, oder berufe ich mich darauf, keine »Talente« zu besitzen oder keine Lust zu haben? Wer sich leer fühlt wie dieser Umschlag, kann beten: »Herr, hier bin ich! Fülle meine Leere mit deiner Kraft und Liebe, damit ich deine gute Nachricht anderen weitergeben kann – auch wenn der Weg zum anderen manchmal so weit ist!«

□ Aus: J. de Pooy SJ, Tools for meditation, London 1976; gefunden in: Norbert Scholl, Damit Glauben leichter wird. Einstiegshilfen für den heutigen Menschen, München 1979, S. 38–40.

Evangelium: Mt 11,28–30 (Jesus als Spiegelbild Gottes sagt: Ich bin gütig und selbstlos . . .); Mt 5,2–12 (Seligpreisungen, in Auswahl), oder ein Gleichnis von der Güte Gottes spielen: z. B. Lk 15,11–32 (der barmherzige Vater).
Beim Friedensgruß werden Karten oder Spruchkarten verteilt, auf denen jeder eine Botschaft der Freude an einen Menschen schreiben und in dem Briefumschlag verschikken soll.

125. Was uns ein Stein sagen kann
(ein Stein in jeder Hand – vorher aus einem Bach gesucht)

Folgende Gedanken zur Auswahl:
a) Es gibt Menschen, die haben ein Herz aus Stein: sie sind starr, kalt, abstoßend oder haben scharfe Kanten; wir können uns an ihnen verletzen. Sie lassen sich nicht

erweichen. Der »herzliche« Mensch fühlt mit, ist beweglich; seine Nähe »wärmt«. Wie würdest du gerne sein? Wie bist du?

b) Der Stein in unserer Hand ist an vielen Stellen schon abgerundet; er war einmal spitz und eckig. Das Wasser, das Aneinanderreiben der Steine hat sie jahrelang geschliffen. Die Gemeinschaft kann uns unsere Ecken und Fehler zeigen. Wo kann ich etwas ändern, daß sich andere nicht zu sehr an mir reiben müssen?

c) Uns ist ein »Stein vom Herzen« gefallen, wenn einer verzeiht, nicht auf Leistung pocht, eine schlimme Situation gut überstanden ist. Wie weit trage ich dazu bei, daß bei anderen ein »Stein vom Herzen« fällt?

d) Auch aus Steinen, die einem in den Weg gelegt werden, kann man Schönes bauen.

e) (einen Stein aufschlagen) Eigentlich zum Staunen: Millionen Jahre liegen vor uns. – Obwohl der Stein so lange im Wasser lag, ist er innen ganz trocken. Ebenso ist es mit vielen Christen: Wie viele Religionsstunden, wie viele Gottesdienste haben jeden schon »umflutet«, aber ist die Botschaft Christi wirklich in uns eingedrungen?

f) Wir sind die lebendigen Steine Gottes, aus denen er seine Kirche bauen will . . .

g) (einige Steine zusammenlegen) Wähle einen schönen und einen häßlichen Stein aus und begründe die Wahl. Ergebnis: Erst nach langem, intensivem Hinschauen sieht man die viel größeren Konturen des »Häßlichen«, die vielen Schattierungen . . . Am Schluß ist er einem oft noch lieber als der »Schöne«. Wie bei schwierigen Menschen: Wer sich lange genug mit ihnen befaßt, findet sie schließlich viel interessanter.

Evangelium: Joh. 8,1–11 (Wer ohne Schuld ist, werfe den ersten Stein: zu Punkt a–c); Mt 21,42 (Der Stein, den die Bauleute verwarfen: zu Punkt d); Mk 16,1–4 (Der Stein vom Grab ist weggewälzt: als Weiterführung).

Aufgaben: 1. Bemalt den Stein mit einem schönen Motiv (als Andenken). Deshalb wäre es gut, wenn der Stein große Flächen hat. 2. Mehrere legen ihre Steine zusammen und kleben ein Fabeltier daraus.

□ Zum »Stein« siehe auch oben nach Nr. 44, »Andere Ideen« Nr. 15; dort noch mehr Hinweise.

126. Der Teppich unseres Lebens

(ein farbenprächtiger Wandbehang, Teppich oder Kissen mit buntem Blumenmotiv)

Ein orientalisches Gleichnis erzählt: Jeder Mensch muß am Ende seines Lebens seinem Schöpfer einen Teppich überreichen, den er auf dieser Erde zu seinen Lebzeiten angefertigt hat. An jedem Tag muß ein Knoten angefertigt werden. Für jedes Ereignis, für alles, was dem Menschen im Laufe des Lebens begegnete, muß in Farben ein ganz

bestimmtes Muster in diesem Teppich eingewoben sein. Am Ende des Lebens ist er dann zum genauen Abbild des eigenen Lebens geworden.
Wie schön wäre es, wenn unser Lebensteppich am Ende so ein buntes lebendiges Muster hat wie dieses Kissen! Dabei kommt es nicht darauf an, *was* du erlebst, sondern *wie* du es erlebst.
Du kannst jetzt in den Ferien Tausende von Kilometern herunterstrampeln, die tollsten Bauwerke besichtigen . . . und doch hat es dich nicht erfüllter gemacht, weil dir die Freude fehlte, weil du allem nicht richtig begegnet bist.
Umgekehrt können uns Krankheit und Ärger treffen. Aber auch da kommt es wieder auf deinen Blick, auf deine Brille an, um die guten Seiten zu erkennen und aus Dornen doch noch Blüten wachsen zu lassen. Es gibt also nichts Trauriges, das nicht auch etwas Gutes hätte. Und es gibt oft Freude, die zugleich auch etwas Unerfreuliches enthält.
Wo können wir mehr das Schöne sehen? Wo können wir mehr »Blumen« schenken? Oft stehen sie am Wege. So wie Jesus sagt:
Evangelium: Mt 6,25ff (Sorgt euch nicht um euer Leben); Mt 11,25–30 (Was Gott Weisen und Klugen verborgen hat . . .); Mt 19,13–15 (= Mk 10,13–16) (Kinder sind wie geschenkte Blumen Gottes; in der Übersetzung nach D. Steinwede, Was ich gesehen habe, Göttingen 1976, S. 129–31).

127. Unser Leben – eine Wanderschaft

(ein Wanderstock mit vielen aufgehefteten Plaketten)

Der Wandersmann, dem dieser Stock gehört, hat schon viele Ziele erwandert . . . Welche Orte waren am wichtigsten für ihn? Wer ist ihm alles begegnet? Was hat sich nicht gelohnt? Der Besitzer dieses Stockes könnte uns einen Teil seines Lebens mit sehr vielen Erfahrungen und Begebenheiten erzählen! Ähnlich wie wir nach diesen Ferien voller Erlebnisse sind, die wir gerne anderen weitererzählen.

Unser ganzes Leben ist eigentlich eine große Wanderschaft, und es kommt nicht so sehr darauf an, welchen Personen und Orten wir begegnen, sondern *wie* wir ihnen begegnen: Derjenige, der dir gerade begegnet, ist der Wichtigste; denn in ihm begegnet mir Jesus und ein Abbild Gottes. Die Wanderung, die ich *jetzt* vorhabe, ist immer die wichtigste, denn der wichtigste Tag ist immer *heute.* Und die wichtigste Tat auf all den Wanderungen ist immer die: in jedem Augenblick das Gute zu tun.

□ Vgl. Leo Tolstoi, Die drei Fragen, in D. Steinwede, Das Hemd des Glücklichen, Gütersloh 1976, S. 88–91.

Es kommt also nicht auf das Gestern oder Morgen an, sondern immer auf das »Jetzt«. Wer das überdenkt, versteht schon etwas von der »Ewigkeit«. Denn auch dabei gibt es kein Gestern oder Morgen, sondern immer nur das »Jetzt«. Ich wünsche euch gute Begleiter auf eurem Weg, denn dann fällt die Wanderung um so leichter aus.

Evangelium (das diese Gedanken noch weiterführt): Mt 6,25–34 (Unterstellt euch der Herrschaft Gottes); Lk 14,15–24 (Die von den Straßen und Gassen sind zu Gott geladen); Mt 5,3 (Freuen dürfen sich auch die mit leeren Händen).

□ Siehe auch die Zeichenpredigt mit den durchgelaufenen Schuhen: »Unsere Heimat ist nicht hier«, in *133 Kinderpredigten,* S. 134.

128. Der Paradiesvogel

(ein gebastelter, üppig bunter Vogel)

Dieser bunte Vogel – stellt ihn euch noch bunter vor – wird Paradiesvogel genannt. Von ihm wird erzählt: Wenn ein solcher Vogel sich eines Tages in den Gipfel eines Baumes setzt, muß man ihn unbedingt herunterholen und festhalten, denn dann ist das Paradies nahe!

Eine Stadt hatte dieses Glück, und die Leute überlegten, wie sie ihn herunterholen könnten. Schließlich bauten sie einen Turm aus lebenden Menschen. Unten standen besonders starke und kräftige, und jeder kletterte auf die Schultern des anderen. Der letzte sollte dann vorsichtig nach dem Vogel greifen und ihn einfangen. Schließlich war es soweit: der Vogel war zum Greifen nahe, da verlor der stärkste Mann unten die Geduld und Kraft und sprang weg: der ganze lebende Turm brach zusammen; der große, schöne, bunte Vogel flog weg – und mit ihm das Paradies.

Die Geschichte will sagen: Alles, was wir uns ersehnen, die Freude, das Glück, die Zufriedenheit, Gott . . . all das können wir nur in *gemeinsamer* Anstrengung erreichen. Auf jeden kommt es an in diesem lebenden Turm.

Jetzt liegt die schöne Ferienzeit vor uns. Sie wird aber nur herrlich, ein Stück Paradies, wenn wir gemeinsam aufeinander zugehen in Familien, Gruppen und Reisegesellschaften. Ins Religiöse interpretiert: wir dürfen vor Gott nicht alleine ankommen.

(W. Willms deutet den Vogel als Heiligen Geist, der da ist, wo die Welt bunt ist und voller Phantasie: Roter Faden Glück, Kevelaer [3]1979, 3.2)

☐ Vgl. Martin Buber, Chassidische Schriften.

Evangelium: Mt 5,3–12 (Auszüge aus den Seligpreisungen. Wer so handelt, kann jetzt schon ein Stück Paradies einfangen).

129. Regeln, die immer gelten, wenn wir »unterwegs« sind

(Schüler haben mehrere Verkehrszeichen gezeichnet oder aus »Verkehrserziehung« mitgebracht.)

Die Ferien stehen vor der Tür. Unterwegs in den Ferien = unterwegs im Leben.
(Jetzt werden die verschiedenen Zeichen gezeigt und vielleicht durch Kurzszenen veranschaulicht:)
Überholverbot = Rücksicht nehmen auf den anderen, schützt uns selbst vor Gefahr.
Vorfahrt beachten = Es gibt Situationen, wo zuerst der andere kommen darf, dann ich.
Geschwindigkeitsbeschränkung = wir dürfen nicht immer »alles«, weil es uns und anderen schaden kann.
Vorfahrtsstraße = Nächstenliebe hat immer Vorrang. Das ist die Straße, von der Jesus sagt:
Evangelium: Joh 14,6 (Ich bin der Weg . . .); Lk 10,25–37 (Hauptgebot; barmherziger Samariter).

☐ Vgl. Kurt Rommel, Kinder- und Familiengottesdienst. Schuljahrsschluß, Ferien, Schulanfang, Freiburg/Lahr 1976, S. 68.

Andere Ideen

1. Die Zeichen der Zeit erkennen. Jeder Teilnehmer hat sich im Wald einen *Tannenzapfen* gesucht. An Tannenzapfen kann ich ablesen, wie das Wetter wird . . . In Kurzszenen kann dargestellt werden, wie sich aus dem Verhalten und den Standpunkten der Menschen vorausahnen läßt, wie sie »Grenzsituationen« bestehen werden.
Evangelium: Mt 24,32–33 (Das Wetter wißt ihr zu deuten, auch was mit dem Reich Gottes beabsichtigt ist?).
Wieweit können Christen aus einer Sattheit, aus einem Versorgungsdenken heraus noch wirken?

2. Weitere Zeichenpredigten

☐ *133 Kinderpredigten,* S. 110–113: Vergrößerungsglas, ein Zelt, ein Paar Ski und 11 weitere Ideen.

3. Siehe auch o. unter Nr. 86ff.

Zeichenpredigten zu Sportereignissen

130. Die Maßstäbe der Welt – die Maßstäbe Gottes Leichtathletik-Sportfest (eine Meßlatte)

Bei einem Kampfrichter für Hochsprung oder Stabhochsprung eine Meßlatte ausleihen und mitbringen.

Evangelium: Mt 18,3–4 oder Mt 7,1–5 oder Lk 6,36–38 (= die Maßstäbe Gottes). (Bitte auswählen!) Die Kampfrichter beim Hochsprung waren so nett, mir diese Meßlatte auszuleihen. Wer im Hochsprung (oder Stabhochsprung) dabei war, weiß, wie bei jeder Höhe, die aufgelegt wird, neue Hoffnungen keimen. Wir brauchen auch im Leben diesen ständigen Neubeginn und die neuen Chancen. Darum haben wir uns ja auch hier versammelt: weil Gott »Ja« zu uns sagt und uns nicht nach gestern fragt, darum fangen wir wieder an!

Diese Meßlatte ist der ehrliche, unbestechliche Maßstab für alle Höhen, für alle Höhenflüge. Fragen wir uns heute doch einmal, nach welchem Maßstab leben wir, welche Meßlatte legen wir an unser Leben? Strecken wir uns auch nach möglichst viel Geld, nach möglichst schönen Reisen? Aber hier erleben wir doch heute: nicht die wertvolle Trophäe, die einer mit nach Hause nehmen kann, ist das Besondere an einem Tag wie diesem, sondern die Erlebnisse im Wettkampf: die Freude, die Enttäuschung, die Anstrengung, das Fiebern, das gegenseitige Anfeuern, Anerkennen, Bedanken. Ein guter Maßstab für ein solches Leichtathletikfest ist also nicht das Einkommen, Berechnungen, Erfolge, sondern die Werte der Hoffnung, der Freude, der Anerkennung, der Gastfreundschaft, der gegenseitigen Hilfe. Das hält uns zusammen. Das begeistert.

Hier sind wir schon ganz nahe an der Botschaft Jesu. Er kam ja, um uns neue Maßstäbe zu geben; er brachte ein ganzes Bündel »Meßlatten Gottes« mit. Jesus, das Spiegelbild Gottes, lebte sie uns auch vor. Seine Meßlatte, seine Maßstäbe lauten:

- Werdet wie die Kinder . . . (so vertrauend, so klein, so begeistert, so verspielt) (Mt 18,3–4).
- Richtet nicht, damit ihr nicht gerichtet werdet. Denn wie ihr richtet, so werdet ihr gerichtet werden. Und nach dem Maß, mit dem ihr meßt und zuteilt, wird euch zugeteilt werden . . . (Mt 7,1–5).
- Seid barmherzig, wie es euer Vater ist . . . Gebt, dann wird euch gegeben werden . . . (Lk 6,36–38).

Diese Sätze brauche ich nicht zu erklären. Es sind klare Maßstäbe, die uns innerlich freimachen können.

Zum Beispiel der Maßstab des Teilens: Das macht doch mit den Reiz eines Sportfestes aus, Freud und Leid miteinander zu teilen – bis hin zum einfachen Essen und Trinken.

Da gibt es keine üppig gedeckte Tafel, und doch bringt die Verbindung zum Nachbarn inmitten der großen Gemeinschaft den besonderen Reiz und die Freude an einem solchen Essen. Das setzt oft schöpferische Kräfte frei; wir lernen andere Jungen und Mädchen kennen; wir vergessen eine Zeitlang unser eigenes Ich mit all seinen Problemen und Ängsten.
Noch ein Wort zu denen, die heute an der Meßlatte gescheitert sind oder sonstwie »Einbrüche« und Rückschläge erlitten haben. Auch hier gibt es einen anderen interessanten Maßstab: Rückschläge können sehr heilsam sein; sie verstärken den Willen zu mehr Training, zum »jetzt erst recht!« Rückschläge in der »Karriere« haben schon oft neue Kräfte freigesetzt, haben eine heilsame Gewissenserforschung zur Folge. Vergessen wir nicht: die bedeutsamsten Botschafter der Menschheit traten erst nach einem langen Schweigen in der Wüste auf. Erst dann hatten Mose, Christus, Mohammed, Buddha, die entscheidenden Worte zu sagen.
Vielleicht hat darum der, der heute verloren hat, mehr gewonnen als der, der siegte. Wie Christus am Kreuz, als alle meinten, jetzt ist er gescheitert, eigentlich den größten Triumph feierte.
Darum stelle ich diese Meßlatte jetzt vor (neben) den Altar: Sie soll uns an die Maßstäbe Gottes erinnern, besonders an den Maßstab JESUS CHRISTUS.

□ Zu dieser Predigt inspirierte mich Paul Jakobi, Spiele das Spiel, Kevelaer 1978, S. 26–34. Weitere Idee: Die Auferstehung Jesu ist »der Hochsprung Gottes« (Bischof Klaus Hemmerle, Aachen).

Fürbitten
Priester: Laßt uns beten zu Christus, der für uns der Weg, die Wahrheit und das Leben ist:

1. Gib, daß die Regierungen der Erde, aber auch viele Kirchen sich immer mehr nach den Maßstäben Gottes richten und somit Güte schenken, Verzeihen einüben, Freude und Gastfreundschaft höher einschätzen als Siege und Auszeichnungen.
2. Laß uns in der großen Gemeinschaft der Jungen und Mädchen die Freude des Teilens und des Miteinander erleben.
3. Laß Enttäuschungen und Rückschläge uns nicht mutlos machen, sondern heilsamer Ansporn sein, mit mehr Willen und Eifer neu anzufangen.

Priester: Ja, guter Vater, wir danken dir für die Erlebnisse und Erfahrungen dieses Tages durch Christus, den Maßstab und dein Spiegelbild.

131. Der Lauf des Lebens
(ein Staffelstab)

Lesung: 1 Kor 9,24–25 (Läufer in der Rennbahn).
Dieser Staffelstab läßt mich zurückdenken. Aus Staffelrennen weiß ich noch gut: es kommt nicht auf die Einzelkönner an. Wenn der Wechsel verpatzt wird, gehen Meter verloren. Die holt selbst ein »Starläufer« nur bedingt wieder herein. Jeder von uns vier wurde dorthin gestellt, wo er seine Stärke hatte: Wer lief den besten Schlußsprint? Wer packte die Kurve am schnellsten? Wer kam am kräftigsten von den Startblöcken weg? – Und dann wurde geübt, immer wieder geübt, zehnmal, hundertmal; denn die Sicherheit, fast im Traum den Stab zu wechseln, war entscheidend. Je besser die Harmonie unter uns und je stärker der gemeinschaftliche Wille zum Sieg, um so eher war die Siegestrophäe erreichbar. Und die Freude dann untereinander beim tatsächlichen Sieg, na, die brauche ich nicht zu schildern: sich mit anderen freuen können, das ist eine der schönsten Freuden.
Ist so ein Staffelrennen nicht ein Bild für unser Leben? Auch da kommt es darauf an, daß jeder an der Stelle steht, wo er seine Fähigkeiten hat. Auch da werden wir disqualifiziert, wenn wir die richtige Bahn verlassen; wenn wir mit Ellenbogen die Gegner behindern – auch, wenn es bis ins Ziel hinein noch nicht geahndet wird. Gott als »Kampfrichter« wird für Gerechtigkeit sorgen. Wenn wir uns ehrlich bemüht haben um das »Ziel« des Lebens, werden wir die Siegestrophäe erhalten. Das verspricht Gott uns allen, auch denen, die im Leben nie auf einem Siegerpodest standen.
Aber wir dürfen nicht ohne unsere Staffelkameraden ankommen . . . Ich wünsche euch soviel Gemeinschaft und gegenseitige Unterstützung, daß niemand im Laufe des Lebens den Stab fallen läßt.

Andere Ideen

1. *Eine Stoppuhr.* Jedes Bemühen in jeder Sekunde ist wichtig, um eine gute Zeit (im Leben) zu bringen. Aber was bringt uns wirklich vorwärts? Kann die Hetze uns heilen, wenn die Seele dabei hinterherhinkt? Was sollten wir ins »Training« mit einbauen?

2. *Schiedsrichterpfeife.* »Jeder Augenblick ist wichtig«, s. *133 Kinderpredigten,* S. 130; *ein Lederball,* der zu wenig Luft enthält, s. S. 71, Nr. 5, ebenda.

Zeichenpredigten zum Erntedank

132. Danken für das Brot
(ein Brot)

Was geschieht mit solch einem Brot in jedem Augenblick überall bei den Menschen in der Welt? (Frühstück, Pausenbrot, appetitlich zubereitete Happen zu einem Gesellschaftsessen, ein kleines Brot unter viele hungrige Mäuler aufteilen . . .)
Das Brot ist unsere wichtigste Nahrung (»bei Wasser und Brot«)! Brot verbindet die Menschen untereinander (weil alle vom gleichen Brot essen)! Das Brot stellt uns in die Kette mit vielen Menschen! (Landwirte – Mühlenbesitzer – Lieferanten – Bäcker – Verkäuferin . . .)
Wir stehen in Gefahr, etwas sehr Wichtiges zu vergessen: Das Danken!
Diese Ebenen (Brot ernährt, verbindet . . .) eventuell jetzt auf das eucharistische Brot übertragen.

□ Vgl. Johann Hertl, »Prediger und Katechet« 2/1974, S. 255–57; s. o. Nr. 17 »Das Brot segnen«.

133. Eine Handvoll Erde
(ein großer Korb mit dunkler Gartenerde; kleine Blumentöpfe mit Erde; Samenkörner)

Weil wir so viel jeden Tag sehen, sind wir oft blind. Wir übersehen zuviel. So ist diese Erde hier ein kleines Wunder Gottes: so reich und so kräftig. (Jetzt erarbeiten, was daraus alles entstehen kann: Eine Wachstums-Litanei!)
Lesung: Gen 1, 11ff (das Land lasse Grünes wachsen . . .).
Evangelium: Lk 12,16–21 (der reiche Kornbauer).
Diese Erde ist in Gefahr: mehr Autobahnen, Unkrautvernichter, Müll . . .
Jetzt werden kleine Blumentöpfe mit Erde zuerst an die Erwachsenen verteilt, denn sie haben alles in der Hand: Wie geben sie unsere Erde an die Kinder weiter? In dem Blumentopf soll etwas wachsen (Erbse, Zitronenkern, Sonnenblume . . .)
Mitgegeben wird auch eine Gebrauchsanweisung für ein Stück Erde. Welche Wege könnte ich zu Fuß oder mit dem Fahrrad zurücklegen? Kann ich weniger Waschmittel verbrauchen, einfacheres Papier benutzen, das Auto seltener waschen, bescheidener leben, die Natur erleben? Vor allem: Arbeiten, um zu leben, nicht umgekehrt.

□ Stark gekürzt nach Georg Kugler/Herbert Lindner, Neue Familiengottesdienste III, Gütersloh 1979, S. 55–59; »Kindermeßbörse« Nr. 44.

134. Verachtet nicht den kleinen Kern

(Apfelkerne für alle Teilnehmer)

Vielleicht hast du gedacht, als du am Eingang die Apfelkerne bekommen hast: »Apfelkerne sind doch Abfall, ungenießbar, klein und unbedeutend.« Aber vergiß nicht: aus diesem kleinen Kern kann ein großer Baum werden, der Hunderte saftiger Äpfel trägt.

Einst säte ein alter Mann Apfelkerne. Die Leute lachten: »Du bist schon lange tot, wenn daraus Bäume geworden sind!« Da antwortete der alte Mann: »Aber die später davon essen, werden mir dankbar sein!« (nach Leo Tolstoi). So sollten wir heute dankbar sein für das, was die Menschen vor uns schon geschaffen haben.

In der Bibel steht auch etwas von einem kleinen Samenkorn.

Evangelium: Mt 13,31–32 (vom Senfkorn, das noch viel kleiner als ein Apfelkern ist).

Der kleine Kern in deiner Hand will dich daran erinnern, daß Gottes Reich in uns und durch uns wachsen muß. Frieden und Liebe = Reich Gottes sind wie ein kleines Samenkorn, das fruchtbaren Boden sucht, um zu wachsen.

Die Kinder können am Ende auch einen Apfel geschenkt bekommen, den sie mit denen essen sollen, mit denen sie Streit hatten. Dazu paßt die Geschichte von Anita Lobel, »Kartoffeln hier, Kartoffel da«, Vorlesebuch Religion I, S. 92ff, in der »die Kartoffel« durch »Apfel« ersetzt werden kann.

□ Vgl. einen ausformulierten Gottesdienst dazu von Heriburg Laarmann, »Prediger und Katechet« 6/1978, S. 815–21.

Andere Ideen

1. *Brich mit dem Hungrigen dein Brot* (ein überreich gedeckter Tisch). Ein Kind kommt zum Tisch, nimmt verschiedene Sachen in die Hand, öffnet verschiedene Pakkungen, riecht daran, rümpft die Nase, zieht ein Gesicht, streckt die Zunge heraus usw. und wirft immer wieder Sachen unter den Tisch.

Kommentarlos liest der Priester jetzt das Evangelium: Lk 16,19–31 (der arme Lazarus). Anschließend sollen die Kinder erarbeiten, wie sie ein positives Zeichen setzen können (denn so ist der Tisch noch eine negative Zeichenpredigt!). Mit den »weggeworfenen« Sachen ein Paket packen, um es Bedürftigen zu bringen? Daneben die Kollekte als unser Beitrag des »Teilens«?

□ Nach einer Idee des Arbeitskreises St. Elisabeth, Neuss-Reuschenberg, vom 28. 9. 1980.

2. Siehe auch o. Nr. 32 »Die Waage stimmt nicht«. Weitere Ideen in *133 Kinderpredigten*, S. 115f. Zum Thema »Teilen« siehe o. nach Nr. 44, »Andere Ideen« Nr. 9 und 10.

Zeichenpredigten zum Rosenkranzmonat

135. Was uns eine Perle sagen kann

(eine Perle und ein Perlen-Rosenkranz)

(Bitte auswählen!) Allen, die Perlen lieben, möchte ich etwas Schönes, etwas Wichtiges sagen (59). Weißt du, wie eine echte Perle entsteht? Da wird aus Unglück Glück! Denn wenn ein scharfes Sandkorn in die Weichteile einer Muschel gerät, dann ist das ein Unglück. Das kann tödlich ausgehen. Aus Notwehr gegen das scharfe, schmerzende Etwas bildet die Muschel diesen kostbaren Stoff, der langsam zur Perle wird.

So ist das auch bei Maria, an die ja dieser Rosenkranz, dieser Perlenkranz mit seinen 59 Perlen erinnert. Was ist denn da geschehen? Maria wird herausgeworfen aus der Lebensbahn, wie sie sich ein junges Mädchen vorstellt. In Maria dringt etwas unerhört Neues ein: Gott will in unsere Welt kommen. Das ist etwas nie Gehörtes; ein Mensch soll vom Heiligen Geist empfangen! (33,34) Deshalb sollten wir am besten die Augen schließen, wenn wir diese Perlen wie eine Blindenschrift abtasten, damit wir mit den inneren Augen sehen können (12), wie wunderbar, wie kostbar das ist: Maria, den du empfangen – zu anderen getragen – geboren – aufgeopfert hast . . .: JESUS, den Sohn Gottes!

Perlen können auch eine Weltkugel versinnbildlichen (78: Zeichnung), auch deine und meine kleine Welt. Die Geheimnisse meines Lebens finde ich im Leben Mariens wieder: die Freude, die Liebe, die Hoffnung, den Schmerz . . . (79). Und dann ist der Weg nicht weit zur Träne, auch rund wie eine Perle. Und manche beten diesen Perlenkranz von Träne zu Träne, wenn etwas Störendes in ihr Leben eingedrungen ist und alles in Frage gestellt hat (34).

Eine Perle kann mich auch erinnern an das kleine, runde Senfkorn, an das Reich Gottes (18). Es ist ja auch heute oft noch so winzig und so leicht zu verlieren: das Reich der Güte, des Friedens, der Gerechtigkeit. – Im letzten Buch der Bibel steht: Die zwölf Tore der heiligen Stadt – des neuen Jerusalems – sind aus zwölf Perlen (Offb 21,21). Sie stehen für alle Himmelsrichtungen weit offen (12), allerdings kann nichts Böses mehr durch sie eingehen. Ihr seht, was die Perle alles sagen kann. Jesus spricht sogar einmal von einem Mann, der sich aufmacht, die edelste Perle zu suchen, um alles dafür zu geben (19):

Evangelium: Mit dem Himmelreich ist es wie mit einem Kaufmann . . . (Mt 13,45–46).

Nach dieser kostbaren Perle sollen wir Ausschau halten, jeden Tag.

Schließlich möchte ich noch drei wichtige Perlen nennen, die gleich am Anfang des Perlenkranzes sind: Die Perlen des Glaubens, der Hoffnung und der Liebe: die Angel-

kräfte des Lebens und der Welt (59). Wenn wir diese in der Schatzkiste unseres Lebens haben, können wir – wie Maria – auch dann noch leben, wenn Schwerter uns durchdringen (62).
(Willms bringt noch den Vergleich: Perle = Tautropfen. Maria träumte, sie sei die einzig Betaute in einer unbetauten Welt: 93f.)

☐ Nach W. Willms, Von Perle zu Perle, Kevelaer 1978; die Seitenzahlen der angeführten Stellen stehen in Klammern. – Zum Zeichen »Perle« allgemein eine ausformulierte Bußfeier für Jugendliche und Erwachsene in Willi Hoffsümmer, »2 ×11 Bußfeiern mit Gegenständen aus dem Alltag« Mainz [2]1985, S. 26–29: Durch Leid zum Heil).

136. Perle für Perle den Weg gehen (ein Rosenkranz)

Für Erwachsene

Die Nähe Christi ist wie Sauerstoff, den der Christ zum Atmen ständig braucht. Nach einem anstrengenden Tagesablauf überfordert eine komplizierte Form des Betens; wir benötigen eine Abfolge und Wiederholung gleicher Bewegungen und Handlungen. Hier ist der Rosenkranz eine Hilfe: Perle für Perle, schrittweise wird Christus stärker in uns.
So können wir in seiner Gegenwart ein immerwährendes Gebet versuchen. Welt und Gegenwart Gottes fließen ineinander. Im Angesichte Gottes kann ich nicht denken und handeln, ohne mich *und* die Welt zugleich mit seinen Augen wahrzunehmen.
Selbst wenn unsere Hände zu tun haben, hat unser Inneres Zeit zur Begegnung. Der Rosenkranz ist ein Gebet der Nähe, ein Gebet der Begegnung mit Jesus und zuerst einmal ein absichtsloses (!) Gebet. Und Maria ist uns die wichtigste Lehrmeisterin der Christusbegegnung, weil sie sich ihrem Sohn ganz zur Verfügung stellte. Sie will uns an die Hand nehmen, um uns Stück für Stück, Perle für Perle, den Weg des Glaubens zu führen, an dessen Ende Jesus steht. Als Gebet der Gemeinschaft läßt der Rosenkranz uns auch nicht ohne die anderen das Ziel suchen – in der Gemeinschaft fällt vieles leichter.

☐ Stark verkürzt nach Peter F. Bock, In seiner Nähe wird es Licht, Freiburg 1979, S. 32f.

137. Von Rose zu Rose beten
(eine Rose und ein Rosenkranz)

Allen, die Freude an Rosen haben, möchte ich etwas sagen. Allerdings müssen sie auch Nasen haben für ganz neue Gerüche, die uns weitertragen in ein anderes Land (9). Die Rose ist ein altes, abendländisches Symbol für die Liebe (16). Wie viele haben sie besungen! Wie viele möchten immer schönere Sorten züchten! Sie ist die Königin der Blumen.

In der Weihnachtszeit begegnen wir zwei Liedern, die sich mit Rosen befassen: Als Maria durch einen Dornenwald ging, da haben die Dornen Rosen getragen (»Maria durch ein' Dornwald ging . . .«), und: Maria, der Dornstrauch, bringt eine Rose hervor, die so süß duftet, daß sie uns von Sünde und Tod rettet (»Es ist ein Ros' entsprungen«).

Jetzt sind wir schon nahe am »Rosenkranz«. Die Heilige, die in einem geheimen Gesicht Maria sehen durfte, sah sie mit einem Kranz von Rosen in ihren Händen. Von daher hat der Rosenkranz seinen Namen. Wir beten also von Rose zu Rose. Erst im dauernden Wiederholen und Hinsehen erschließen wir die Rose ganz (17): Die Rose als Knospe – wie sie aufspringt – oder von Tautropfen benetzt – wie sie aufblüht mit ihrem ganzen Duft – in heißer Sommersonne – dann sich langsam aufblättert – schließlich fällt ein Blatt nach dem anderen ab (19f).

So sehen wir Maria als junges Mädchen und dann als Frau: froh – liebend – beschenkt – geprüft – traurig – hoffend – erlöst – gekrönt. Immer wieder können wir sie mit ihrem Sohn neu betrachten und darin auf *unser* Leben wie im Spiegelbild treffen.

Es ist schön, eine Rose zu betrachten; aber noch schöner ist es, eine solche Rose geschenkt zu bekommen, weil dann Liebe daran haftet (20). Je mehr Liebe im Schenken liegt – und ich kann sie ja auch mit Liebe verschenken –, um so wertvoller wird die Rose. – So wird von einem Dichter (Rilke) erzählt, der einer Bettlerin eines Tages kein Geld, sondern eine Rose in die ausgestreckte Hand legte. Sonst nahm die Frau Geld ohne jede Regung, ohne jedes ›Danke‹ an, aber diesmal erhob sie sich mühsam von der Erde, tastete nach der Hand des Mannes und küßte sie. Er hatte ihrem *Herzen* etwas geschenkt! – Acht Tage lang war die Frau nicht an ihrem Platz, dann saß sie wieder wie früher an gewohnter Stelle. Die Begleiterin des Dichters fragte erstaunt: »Aber wovon hat sie denn all die Tage, da sie nichts erbettelte, gelebt?« Sie bekam zur Antwort: »Von der Rose . . .«

□ Ausführlicher: Hans Franck, Das Herzgeschenk, Sponholtz-Verlag, oder R. Stertenbrink, In Bildern und Beispielen, Bd. 2, Freiburg 1977, S. 131, oder »Image« 3/1979.

Liebe und Anerkennung sind nötiger als Brot. Das vergessen wir oft. »Schenkt euch viel mehr Blumen während des Lebens, denn auf den Gräbern sind sie vergebens«, so steht es in manchen Poesiealben. Der Rosenkranz kann auch dafür wieder die inneren Augen öffnen (12). Wer sich in ihn regelmäßig versenkt, Rose für Rose betrachtet, der kann aus der Kraft dieser Meditation zum »duftenden Geschenk« für seine Mitmenschen werden.

□ Nach W. Willms, Von Perle zu Perle, Kevelaer 1978 (in Klammern die Seitenzahl).

138. Ein Dokument des Vertrauens

(eine Votivtafel, wie sie in Wallfahrtskirchen aufgehängt sind)

Auf dieser Tafel steht: Danke für wunderbare Hilfe in unserer Not . . . Maria hat geholfen . . .
Wenn ihr genau hinhört, erzählt so eine Votivtafel noch mehr: ». . . Ich sah schon viele angstvolle Gesichter, zitternde Hände . . .«
Die Tafeln sprechen von verborgener Not und überwundener Angst. Sie sind eingelöste Versprechen, Dokumente des Vertrauens. Die aufgehängten Krücken daneben sind sichtbare Worte der Dankbarkeit. Und die Wände wurden schwarz vom Rauch der Kerzen, die voller Gebetsanliegen flackern. Solche Zeichen helfen vielen Menschen, Gott zu begegnen. Maria ist auserwählt, unsere Mutter und Fürsprecherin bei ihrem Sohn zu sein. Warum sollen wir ihrem Wort nicht vertrauen? Denn mit allem führt sie uns zu ihrem Sohn.

□ Vgl. Josef Dirnbeck/Martin Gutl, Ich begann zu beten, Graz [3]1976, S. 90.

Evangelium: Joh 19,25–27 (Dies ist deine Mutter).

Andere Ideen

1. Siehe oben »Maria ist die Tür zu Jesus«, Nr. 8, 3. Abschnitt.
2. Siehe nach Nr. 103, »Andere Ideen« Nr. 2: Maria öffnete sich dem Geschenk Gottes.
3. Siehe *133 Kinderpredigten*, S. 116: ein Rosenkranz.
4. Andere Zeichenpredigten zu Marienfesten siehe *Wir freuen uns auf die Predigt*, S. 48f: Leuchter mit brennender Kerze, und in *133 Kinderpredigten*, S. 61f: eine Monstranz.

Zeichenpredigten an Heiligenfesten

139. Was uns ein Schwert bei Heiligen sagen kann
(ein Spielzeugschwert)

Zunächst erfragen, was dieses Schwert in der Hand eines Menschen bringen kann . . .: Tod oder Leben. (Je nach Besitz und Gebrauch also ein Doppelsymbol.)
– Bei St. Martin *teilt* das Schwert den Mantel und bringt dem Bettler so Leben.
– Der Erzengel Michael mit dem Schwert streitet für Gott und besiegt Luzifer.
– Sieben Schwerter = sieben Schmerzen Mariens durchbohren das Herz der Gottesmutter: »Dein Herz wird vom Schwert durchbohrt« (Lk 2,35).
– Viele Heilige tragen ein Schwert in der Hand als Hinweis darauf, wie sie durch einen Schwertstreich zu Märtyrern wurden, die ihr Blut für Christus vergossen haben, z. B. der hl. Pankratius etc.
– Beim Apostel Paulus sind manchmal zwei Schwerter zu sehen: Er verkündete das Wort Gottes in großer Glaubenskraft »mit dem Schwert des Geistes«, *und* er wurde mit dem Schwert enthauptet.
– Es kann auch noch hingewiesen werden auf die Cherubim mit dem Schwert, die den Zugang zum Paradies bewachen (Gen 3,24), sowie auf das zweischneidige Schwert, das aus dem Munde Christi hervorkommt (Offb 1,16; auch 2,12) = das richtende Wort Gottes, das gut und böse trennen wird.
Lesung: eine der angegebenen Bibelstellen.

140. Pfeiler im Strom
(Brücke mit Pfeilern)

Es gibt geistige Zeitströmungen, die uns mitreißen wollen: »Mit der Zeit gehen«, »Mit dem Strom schwimmen«. Wir brauchen dann Pfeiler, die stehen und sich nicht mitreißen lassen = große Persönlichkeiten. So sind

1. die Heiligen wie Pfeiler im Strom, die eine Brücke tragen: Wegweiser, Signale des Ewigen . . . wie Benedikt, Franziskus, Bruder Klaus . . .
2. Die Kirche soll wie ein Pfeiler im Strom sein, der eine Brücke trägt, über die wir gehen können, gegründet auf Petrus, den Felsen. Etwas muß fest stehen, muß Wahrheit sein.
3. Wir selber sollten wie Pfeiler im Strom sein, die eine Brücke tragen: zuverlässig, treu, stark im Glauben, damit auch andere Menschen Halt bekommen.

Lesung: 2 Thess 3,9 (... Wir wollten euch aber ein Vorbild geben, damit ihr uns nachahmen könnt).

□ Verkürzt nach Alois Stiefvater, Einstiege in die Predigt, Freiburg 1976, S. 60f. Das Bild der Brücke siehe noch oben Nr. 115 und 120, ebenso in *133 Kinderpredigten*, S. 98f: Eine Brücke schlagen.

Andere Ideen

1. *Im heiligen Nikolaus zeigt sich Gottes Güte* (ein Nikolausgewand mit gefülltem Sack und ein Knecht-Ruprecht-Gewand mit Rassel und Rute; Nikolaus und »Krampus« können auch leibhaftig auftreten). In diesen Tagen sehen wir sie wieder durch die Straßen ziehen. Wen von den beiden seht ihr lieber? Warum? Nikolaus lobt, beschenkt – wem tut das nicht gut?! Er meint es gut mit uns; so macht er etwas von Gottes Güte sichtbar. Das Nikolausspiel ist reizvoll, es muß selten bleiben. Aber mehr loben und einander Zeit und Freude schenken, können wir jeden Tag, damit Gottes Nähe sichtbarer wird, denn »wo Güte und Liebe, da ist Gott«.

□ Vgl. Wolfgang Nastainczyk, Heiliges Leben, Würzburg 1978, S. 9–13.

2. *Allerheiligen.* Wege, die zu Christus führen. Neun verschiedenfarbige Kreppapierbahnen führen als Wege zum Altar. Darauf liegen Schilder, mit je einer Bedingung der Seligpreisung beschriftet: arm, traurig, friedliebend, gerecht, barmherzig, rein, verzeihend, verfolgt, mit Christus leidend. (Sie werden später von Kindern hochgehalten.)
Evangelium: Mt 5,1–12 (Seligpreisungen).
Alle Heiligen, die wir heute feiern, sind einen dieser Wege zu Christus (= Altar) gegangen. (Jetzt können die Lebenswege einiger Heiliger skizziert werden.) Diese Wege laden auch uns zur Nachfolge ein.

□ Verkürzt nach Arbeitskreis St. Elisabeth, Neuss-Reuschenberg, vom 1. 11. 1980.

3. *Eine Abbildung des Pfarrpatrons* auf die Kanzel stellen. Heute hält er die Predigt: »Liebe Gemeinde! ...« (Hildegard Aengenheyster, Schwalmtal)

4. *Alle sollen Nikolaus sein.* Kleine Mitren (= Bischofsmützen) sind vorbereitet. Sie werden nach einer Erzählung von Not und »Kälte« heute all den Kindern aufgesetzt, die wie Nikolaus helfen wollen.
Evangelium: Lk 3,9ff (Johannes predigt).

□ Nach Heriburg Laarmann, »Der Prediger und Katechet«. Kasualienpredigten 2, München 1980, S. 158–62.

5. *Eine Fensterscheibe.* Die in Auschwitz ermordete Kölner Ordensfrau Edith Stein hat einmal gesagt: »Wir sollen sein wie ein Fenster, durch das Gottes Liebe hindurchschei-

nen will. Die Scheibe darf nicht stumpf und schmutzig sein, sonst hindern wir das Leuchten Gottes in der Welt!« Heilige haben das verwirklicht. Beispiele . . .

6. *Ein Scheibenwischer.* Heilige waren »Scheibenwischer Gottes«, die uns die Sicht klarer machten . . .

7. *Ein Stück Felsen.* Wer auf solch festen Untergrund baut, kann Vertrauen in die Festigkeit des Bauwerkes haben. Petrus wurde zum Fels, auf den Jesus die Kirche baute.

Evangelium: Mt 16,15–18 (Auf diesen Felsen werde ich meine Kirche bauen); Mt 7,24–27 (Auf Felsen bauen).

8. Siehe »Pfingsten« Nr. 83 »Der Anstoß«.

9. Siehe *133 Kinderpredigten,* S. 117–19: Fest des hl. Franziskus; S. 120–23: verschieden große Pinsel, rote Rosen, Spiegel und Taschenlampe, ein buntes Glasbild; S. 123f: St. Martin.

Zeichenpredigten im November: Allerseelen – Tod – Gericht – Wiederkunft

141. Was ist wichtig?
(ein Terminblock)

Mehr für Jugendliche und Erwachsene

Evangelium: Lk 12,16–21 (der törichte Reiche).
Für viele Leute ist der Terminblock eine wichtige Sache. Was weißt du darüber? (notwendig, erbarmungslos, bestimmend . . .). Was steht alles in deinem Terminkalender? Folgende Geschichte für Erwachsene fand ich dazu:
Ein Mensch hatte einen großen Terminkalender und sagte zu sich selbst: Alle Termine sind eingeschrieben, aber noch sind die Tagung X und die Konferenz Y sowie die Sitzungen der Unterausschüsse nicht eingeplant. Wo soll ich sie alle unterbringen? Und er kaufte sich einen größeren Terminkalender mit Einteilungsmöglichkeit der Nachtstunden, disponierte noch einmal, trug alles sorgfältig ein und sagte zu sich selbst: Nun sei ruhig, lieber Freund, du hast alles gut eingeplant, versäume nur nichts!
Aber je weniger er versäumte, um so mehr stieg er im Ansehen und wurde in den Ausschuß Q und in den Vorstand K gewählt, wurde zweiter und erster Vorsitzender, Präsident und Ehrenmitglied, und eines Tages war es dann soweit, und Gott sagte: »Du Narr, diese Nacht stehst du auf meinem Terminkalender!«
Was kann diese Geschichte bezüglich deines Terminkalenders sagen? Nennt mir wichtige Dinge, die verhindern sollen, daß wir an Gott und den Mitmenschen vorbeileben. Ich trage sie in diesen Terminblock ein.

142. Rad des Lebens – Rad des Todes
(ein Rad)

In allen Kulturen kommt das Rad in vielerlei Bedeutungen vor: Das Endliche (= die Speichen) wird aufgefangen vom Ewigen (= Kreis). In den gotischen Kathedralen wird das Rad zur Rosette, durch die das Licht in den dunklen Raum bricht: Es sagt dem Betenden, daß die Dunkelheit der Zeit durchbrochen ist, weil Jesus, das ewige Licht und Leben, in unsere Welt gekommen ist.
Der Mensch ist wie auf ein Rad gebunden: Es dreht sich, bringt uns die Höhe des Glücks oder die Tiefe des Unglücks, und keiner weiß, warum und wann – als wenn eine blinde Glücksgöttin das Glücksrad drehte.
Es gibt eine Darstellung (das Lebensrad in Verdings bei Klausen/Südtirol), da dreht ein Sensenmann, der Tod, der Bote Gottes, das Rad: Er bewegt die Zeit, in der wir sind, und

mißt uns die Spanne zu, die wir noch zu leben haben. Das heißt: Mensch, nütze deine Zeit, bald ist es vorbei, und du kannst dich nicht mehr am Rad festhalten. Mach' aus der Spanne Zeit, die dir bleibt, eine Friedens-, eine Heilszeit. Denn wir bleiben im Tode das, was wir bis dahin in den Augen Gottes geworden sind, damit ER darauf aufbauen kann.

Evangelium: Lk 12,16–21 (Ein reicher Bauer); Mt 24,42–44 (Seid wachsam) u. ä.

□ Verkürzt nach A. K. Ruf in »Anzeiger für die kath. Geistlichkeit« 11/1979, S. 394; vgl. die Aussagen zum Wagenrad in *Anschauliche Predigten*, S. 75f; beachte auch: »Das Lebensrad«, s. o. Nr. 123.

143. Den langen Atem haben (die Orgel)

Für Jugendliche und Erwachsene

Die Orgel brauche ich nicht mitzubringen: da steht sie! Wieviel Tage und Wochen hat der Orgelbauer gebraucht, bis die Pfeifen an der richtigen Stelle saßen! Wie oft ist jede durch seine Hände gegangen! Da war tagelang die Kirche voll vom Hämmern und monotonen Stimmen der einzelnen Pfeifen. Schließlich kam der ersehnte Augenblick, in dem der Meister die Hände am Kittel abwischte und sie über die Manuale gleiten ließ: zum ersten Mal aus der verwirrenden Fülle von hunderten Einzelteilen eine wohlklingende Melodie. – Aber ohne die zahllosen Stunden im Staub und Schweigen der Werkstatt gäbe es diesen großen Moment nicht!

Fast jeden Morgen, wenn wir aufstehen, steht die bedrückende Frage vor uns: jetzt fängt das ewig-gleiche Spiel wieder an, warum und wofür eigentlich? Und mit Beten und Gottesdienst sonntags sind unsere Schwächen nicht weggewischt. Ist nicht so vieles ein Mißlingen und bruchstückhaftes Vorwärtseilen?

Erst am Ende unseres Lebens werden wir mit den Augen Gottes sehen können, daß der tägliche Versuch der Treue, auch der Treue im Glauben, nicht vergeblich war: dann sehen wir unser Leben als Ganzes; jeder Teil, jeder Tag war notwendig wie jede Orgelpfeife, um den großen Akkord mit allen Klangkombinationen und Stimmschattierungen möglich zu machen. Das ist Gehorsam im Glauben, jeden Tag die Wanderung fortzusetzen, bei der uns der Sinn der einzelnen Schritte nicht unbedingt klar ist. Im Lichte Gottes haben alle Niederlagen und bitteren Erlebnisse ihren Sinn.

Lesung: Offb 21,1–4 (Er wird jede Träne aus ihren Augen wischen).

□ Vgl. Eugen Rucker, Symbolgeschichten, München 1975, S. 73f.

144. Entscheidung im Gericht wie durch Feuer

(Materialien, um ein kleines Feuer zu entzünden, außerdem ein Stück Zeitung, Briefmarken, altes Schulheft, Zehnmarkschein, Kugelschreiber)

Evangelium: Lk 12,49–53 (das Feuer des Gerichtes = der Geist Gottes scheidet die Menschen).

Zuerst schauen die Kinder still zu, wie das Feuer brennt. Sie zählen auf, was das Feuer alles kann: zerstören, wärmen, hell machen, rauchen . . .Ich möchte noch mehr verbrennen: helft mir bitte, zwischen Brauchbarem und Unbrauchbarem zu unterscheiden (jetzt werden obengenannte Gegenstände für das Feuer ausgewählt). Ihr seht: Das Feuer kann mich auch zur Entscheidung zwingen.

Jesus erzählte einmal die Geschichte von einem Bauern, der das Stroh und die Spreu nach der Ernte verbrennt, den Weizen aber in die Scheune bringt.

Am Jüngsten Tage – das kann in unserem Tod sein – wird das Feuer des Geistes Gottes ähnlich im Menschen auswählen: Unrecht, Betrug, Unterdrückung, Angst und Tod werden vernichtet, das Gute wird ganz frei. – Jetzt ist die Zeit, in der sich jeder Mensch frei für oder gegen Jesus entscheiden kann.

□ Vgl. Reiner Schmidt, »Prediger und Katechet« 5/1977, S. 625–27.

Andere Ideen

1. Aus Gottes Hand kommt alle Zeit (eine Uhr). *Lesung:* Koh 3,1–8 (Alles hat seine Stunde). Die Kinder tragen den zwölf Stunden entsprechend zwölf verschiedene Aussagen zusammen: 1. Eine Zeit der Ferien. 2. Eine Zeit der Schule. 3. Eine Zeit zum Gebet. 4. Eine Zeit der Freude. 5. Eine Zeit der Traurigkeit. 6. Eine Zeit der Stille. 7. Eine Zeit, Jesus besser kennenzulernen. 8. Eine Zeit, neu anzufangen. 9. Eine Zeit zu feiern. 10. Eine Zeit zum Schlafen. 11. Eine Zeit der Gesundheit. 12. Eine Zeit der Krankheit. (Dazu werden jeweils Bilder vorgezeigt und erklärt.) Nach jeder Erklärung wird gesagt: »Wir danken Gott für die Zeit, die er uns schenkt.«

□ Nach Pfarrgemeinde St. Barbara, Mönchengladbach, »Kindermeßbörse« Nr. 43.

2. Der Tod hat nicht das letzte Wort. Eine große Collage (wenigstens 2 m × 2 m) ist aus Todesanzeigen geklebt. Rundherum wie bei Todesanzeigen üblich: ein dicker, schwarzer Rahmen. Auf die Todesanzeigen ist aus großen Schwarz-weiß-Bildern mit Darstellungen von Autounfällen, Katastrophen und Tod ein großes, dunkles Kreuz geheftet. Davor wird während des ganzen Novembers die brennende Osterkerze gestellt = unser Glaube an das Weiterleben der Verstorbenen durch den auferstandenen Christus. (Oder ein Dia mit einer Sonne wird auf die Wand projiziert.)

3. Trauer oder Weiterleben? Schleifen von Totenkränzen werden aus verschiedenen Gärtnereien besorgt und aufgehängt. Die Texte (»In tiefer Trauer« oder »Auf Wiedersehen« etc.) und die Farben (weiß, schwarz, grün, violett) werden auf ihre Aussagekraft bezüglich Auferstehung hinterfragt. Die Kinder stellen selbst Schleifen her und entwerfen christliche Aufschriften.

4. Ein Wagenrad (= Wiedergeburt; Symbol der östlichen Religionen), Pfeil mit Bogen und Zielscheibe (= christliche Sicht des Lebens), *Anschauliche Predigten,* S. 75.

5. Siehe o. Nr. 126 und 127: »Der Teppich unseres Lebens« und »Unser Leben – eine Wanderschaft«.

6. Andere Zeichenpredigten dazu in *133 Kinderpredigten,* S. 124–135!

Literaturhinweise

Bücher des Autors, die im Text mit ihrem Titel zitiert werden

133 Kinderpredigten. Mit Gegenständen aus dem Alltag, Mainz
Religiöse Spiele für Gottesdienst und Gruppen 1, Mainz
Anschauliche Predigten für Kinder-, Jugend-, und Familiengottesdienste, Mainz
Kommuniongeschichten, Topos Taschenbuch 79, Mainz
Kurzgeschichten 1. 255 Kurzgeschichten für Gottesdienst, Schule und Gruppe, Mainz
Wir freuen uns auf die Predigt, Mainz

Zeitschriften, die im Text zitiert werden

Prediger und Katechet, Erich Wewel Verlag, München.
Anzeiger für die Katholische Geistlichkeit, Herder Verlag, Freiburg.
Kindermeßbörse, zu beziehen: Verlag Kindermeßbörse, Hoher Turm 5, 31137 Hildesheim.
Gottesdienste mit Kindern und Jugendlichen, Verlag Bergmoser & Höller, Aachen.
Image, Verlag Bergmoser & Höller, Aachen.
Gottesdienst, Verlag Herder, Freiburg.
Fakten, Hg. BDKJ Köln.
Forum. Werkblätter für die Jugendarbeit in der Gemeinde, Hg. Bundesleitung der KJG, Düsseldorf.
Materialbrief, Hg. Deutscher Katecheten-Verein, München.

Gegenstände für alle Teilnehmer

Die nachhaltigste Wirkung haben oft Predigten, bei denen *jeder* Gottesdienstbesucher den betreffenden Gegenstand in der Hand hat bzw. ihn evtl. mit nach Hause nehmen kann.

1. Diese Veranschaulichung bietet sich bei folgenden Predigten direkt an:

Einleitung:	Blatt eines Baumes
Nr. 1	Kirschzweig
Nr. 4	Weizenkörner
Nr. 11	Adventskranz
nach Nr. 12	»Andere Ideen«
10.	Adventskranz
Nr. 13	kleines Geschenk
Nr. 14	Christrose
Nr. 23	Tulpenzwiebel
Nr. 46	Stück schwarzes Tuch
Nr. 51	Nagel
Nr. 54	Postkarte mit Verkehrsschild und Autonummer
Nr. 55	Osterei
Nr. 56	Kreuz
Nr. 61	Stein
nach Nr. 61	»Andere Ideen«
3.	Brötchen
5.	Schmetterling
Nr. 64	Fisch-Darstellung
Nr. 81	Blume oder Kerze oder Efeuranke
Nr. 83	Dominostein
nach Nr. 90	»Andere Ideen«
3.	Stein
Nr. 91	Apfel
Nr. 94	kleines Papierkreuz
Nr. 97	Blume
Nr. 98	Blume
Nr. 99	Sonnenblumenkerne oder Sonnenblume
Nr. 100	Kastanie
Nr. 105	selbstgeformter Krug

Nr. 111	Ring aus Kunststoff
Nr. 112	Bündel Heilkräuter
nach Nr. 113	»Andere Ideen«
2.	Stein
Nr. 114	Stück Kordel mit Knoten
Nr. 122	Glaskugel, »Murmel«
Nr. 124	Briefumschlag
Nr. 125	Stein
nach Nr. 129	»Andere Ideen«
1.	Tannenzapfen
Nr. 133	kleiner Blumentopf mit Erde; Samen
Nr. 134	Apfelkerne; evtl. Apfel
Nr. 135	Perle
nach Nr. 140	»Andere Ideen«
4.	kleine Bischofsmützen

2. Diese Veranschaulichung ist *möglich* bei folgenden Predigten:

Nr. 9	Schale mit Erde
Nr. 16	Puppe
Nr. 17	Scheibe Brot
Nr. 18	Weihrauchkörner
Nr. 24	Strick
Nr. 25	Backstein
Nr. 31	Groschen
Nr. 41	Lebensbaum
Nr. 53	Herz
Nr. 71	Apfel
Nr. 84	großes Streichholz
nach Nr. 90	»Andere Ideen«
4.	Büroklammer
6.	Legostein
Nr. 90	Rose
Nr. 101	Kugelschreiber oder Spruchkarte
Nr. 128	bunter gebastelter Vogel
Nr. 129	Verkehrsschild
Nr. 137	Rose

3. Hinweise auf solche Möglichkeiten in meinen anderen Büchern:

nach Nr. 12	»Andere Ideen«
4.	Kerze
nach Nr. 44	»Andere Ideen«
12.	Nuß
13.	Tütchen mit etwas Salz
14.	Stück Holz
15.	Stein
16.	Scherbe
nach Nr. 54	»Andere Ideen«
7.	Tütchen mit Weizenkörnern
9.	Blume
nach Nr. 90	»Andere Ideen«
7.	Wäscheklammer
nach Nr. 121	»Andere Ideen«
3.	Schraube
4.	Wäscheklammer

Zeichenregister

Die Zahlen beziehen sich auf die *Nummern* der Zeichenpredigten. Steht ein Zeichen im Abschnitt »Andere Ideen«, ist die Nummer der vorangehenden Zeichenpredigt und in Klammern die Nummer der zugehörigen Idee angegeben.

Schriftstellenregister

Die Verweise beziehen sich auf die *Nummern* der Zeichenpredigten. Steht eine Schriftstelle im Abschnitt »Andere Ideen«, ist die Nummer der vorangehenden Zeichenpredigt und in Klammern die Nummer der zugehörigen Idee angegeben.